富裕層のTAX PLANNING全容（資産家編）

（資産規模）

30 億超

10 億

5 億

1 億

P119〜P121

富裕層国税タスクフォース概要

P211〜P225

完全なる投資家としてのタックスマネジメント：（エンジェル税制、投資事業有限責任組合等の活用）

生前贈与・事業承継の推進

資産の時価評価の辿り方

財産債務調書制度：財産債務調書のインセンティブとは P53〜P57

法人成りにあたってのシミュレーション及びその留意点：法人成りの数値判断基準をありがちなケースで検討してみよう（税率差、社会保険、不動産移転コスト保有コスト、所得分散、相続対策等） P39〜P51

2022年度以降問題：一般生産緑地と特定生産緑地の違い等 P21〜P24

準確定申告要点解説：準確定申告を忘れがちな人（生命保険）、義務ではないがしないと損してしまう人（所得税の各控除が適用できる人） P107〜P110

デフレ時代の生前贈与対策：その落とし穴と従来シナリオの変更点　同族法人への売却、予備的遺言、贈与の活用、退職金控除、小規模宅地等の活用、貸家建付地、遺留分の考慮と遺言書作成 P14〜P20

資産の評価・時価の問題とその留意点：資産の時価の辿り方
—通達によらない評価を含む—
○難しい不動産の時価について　○非上場株式の取得価額と時価　○美術品
○ゴルフ会員権　○海外資産の時価
P59〜P67

民事信託の有効活用：絶対に民事信託を検討すべきクライアントはどんな人か P87〜P106

同族会社の寄附金、借入、連帯保証の税務：同族会社で細心の注意が必要なケースとは P79〜P85

国外遺産の検認：国外の遺産に係る検認手続き（プロベイト）って知ってます？ P75〜P77

国外転出時課税制度：国外転出時課税制度　資産家の子供の留学には要注意！ P69〜P73

不動産オーナーにおけるサブリース活用 P31〜P37

底地問題とその対応策 P29〜P30

物納資産の評価額とその実務：物納資産の評価額はどのように算出するか。
物納のメリット・デメリット P25〜P28

P111〜P118

ROI・流動比率を意識した資産組換えコンサルテーション

10%	90% 金融資産比率
90%	10% 不動産比率

専門家としての基本動作 P3

財産把握 P7

依頼者の“想い”の確認 P7

税負担・ポートフォリオ シミュレーション P8〜P14

富裕層のTAX PLANNING全容（事業家編）

（事業家の成長）

（時間）

投資家

第一線を退く

事業成長過程

MA・上場
自社株式譲渡

現役引退

オペレーティング・リース

グループ通算制度

法人成り

生命保険

役員報酬　調整
償却資産購入
小規模共済
倒産防止協会

専門家としての基本動作 P125

55.945%　→（税率）　20.315%

所得税・住民税

最高税率 55.945%

中小法人

実効税率 25.84%～33.58%

- オペレーティング・リースの活用：事業家が活用すべきタックスマネジメント P167～P172
- グループ通算制度の適用：グループ通算制度　その準備期間に検討しておくべき事項 P161～P165
- 役員報酬の「定期同額制度」と社会保険料：社会保険料の節約のための月額給与の賞与への振替えは未だ有効か P153～P159
- 法人成りの準備：法人成りの数値判断基準をありがちなケースで検討してみよう（基本的留意事項、税率差、社会保険、生命保険、小規模共済、倒産防止共済） P151
- 生命保険の活用と留意点：個人・個人事業者・法人の現状 P141～P150
- コロナ対策関連諸制度とその留意点等：
  - ・業績悪化に伴う想定ケース
  - ・法人への補助金等の処理
  - ・役員給与、賞与の減額
  - ・法人オフィスの家賃減額に伴う消費税等の変更処理

  P135～P139
- 検討すべき有効なタックスプランニング：役員報酬調整、償却資産購入、小規模共済、倒産防止協会など P127～P134

退職金

実効税率 22.9%～0%

- 退職金制度の設計とその準備 P173～P178

MA・上場に向けた覚悟と準備 P179～P185

配当・譲渡所得

実効税率 53.15%　20.315%

- 完全なる投資家としてのタックスマネジメント：エンジェル税制、投資事業有限責任組合等の活用 P211～P225
- 株式売渡請求その他実務上の課題：株式売渡請求の利用場面と株式評価 P207～P210
- 事業承継税制の有効活用：事業承継税制のメリットとデメリット P201～P205
- 事業承継の具体的方策：優先株式を利用した事業承継の具体例 P195～P199
- ストック・オプションの活用とその種類別の留意点 P187～P193

はしがき

富裕層への財産コンサルテーションを取り巻く環境は、ここ10年で著しく変化しました。大きく分類しますと、1.「国際基準を志向した度重なる税制改正」2.「人口減少社会に向けた資産動向変化」そして3.「with コロナ・after コロナ影響」です。

この3つの大きなうねりを踏まえない限り、富裕層への財産コンサルテーションはもはや不可能と言っても過言ではありません。

1.「国際基準を志向した度重なる税制改正」

まず大きな変革として、①法人実効基本税率の減少(平成27年度税制改正前34.62%⇒令和2年度29.74%)と②給与所得優遇概念の縮減(所得税額控除の縮小(平成26年度税制改正前最大245万円⇒現在最大195万円))が挙げられます。すなわち、年課税所得330万円超となると、所得税・住民税合算率の30.42%が法人実効基本税率29.74%を超え、法人税を支払った方が同族会社全体の課税は少なくなる故、従前のような役員報酬を調整することによっての同族会社の所得税・法人税一体的節税策はもはや通用しない状況となりました。

次に、平成28年度から順次施行されてきた③金融所得課税一体化策(金融課税と他の所得課税を分断し、金融課税は譲渡・配当所得等一体的、かつ、分離して課税)は、20.315%という相対的に低廉な課税体系となりました。

このことで、就労所得課税と投資所得課税の格差が生じたため、富裕層への財産コンサルテーションにあたっては、なるべく就労所得課税⇒投資所得課税へとシフトさせていく道筋を描きながら、コンサルテーションをしていくことが肝要となっています。

さらに資産承継分野にあたっては、2007年の④相続税・贈与税の抜本改正により、限界税率が50%⇒55%へ上昇、基礎控除も従前の6割(基礎控除5,000万円+法定相続人数×1,000万円⇒3,000万円+法定相続人数×600万円へ)となったことから、従前より一層、綿密な相続税対策が求められるようになったことはご承知の通りです。これらはいずれも日本の国際競争力強化のため、法人実効基本税率を下げるための税の財源確保の観点が起点となり、所得税・相続税等各種税制の抜本的な見直しが図られたものなのです。

そして、「国際課税」については、平成29年より全国各国税局に「統括国税実査官(国際担当)」が設置されるなど国際課税に対する取り組みが強化され、従前に比して国内・国外の課税財産・所得の把握能力の飛躍的向上と諸々の国際的租税回避行為に対する数々の国際的情報交換制度が施行されたことにより、国内・外の税制の単なる実効税率差等を活用した租税回避スキームは容易ではなくなりました(今般、2021年7月10日付にてG20で合意された“国際的な法人課税最低税率15%ルール”も大いに注目すべき方向性かと思われます。)。

税制の変遷を見ていきますと、このような構造的な変化を受け止めなければならないわけですが、いまだ「退職所得課税」については、日本の就労慣行に照らされ、最も優遇された税制として現在厳然として残る重要なスキームとして、浮き彫りとなっているところです。

最後に、令和4年4月1日開始事業年度より施行される「グループ通算制度」については、米国にあっては第一次世界大戦直後より粛々と醸成されていった「連結納税制度」に対峙すべく、実務的にも有効な制度として、今後、企業の国際競争には不可欠なものとして見守っていく必要があるものと思われます。

2.「人口減少社会に向けた資産動向変化」

この大きなうねりと事実を踏まえない限り、今後の富裕層への財産コンサルテーションはもはや不可能です。

日本及び世界の先進国に襲い掛かる高齢化社会の到来は、金融面にあっては、日銀の金融緩和政策は8年目に入り超低金利状況が当面継続することが想定されており、長期的には、先進国におけるシニア人口の増加、労働人口の減少により需要が供給を上回る時代が予想されます。近年、グローバル金融市場の整備が進み、今や日本からも世界各国の金融市場へ直接アクセス出来る手段が充実してまいりました。各国の市場を的確に認識し、計画的な運用を通じて財産を守ることが不可欠な時代です。

そして、“超”人口減少・高齢化社会活性化の世界のトップランナーに君臨する日本にとっての重大課題として、地価の減少への対抗策も必須となっています。

従前の資産承継対策であれば、賃貸経営にシフトすることにより、キャッシュフローの確約と相当程度の相続節税対策が実行されてきたわけですが、もはや、それは過去の夢物語に過ぎません。自身の資産の地価下落、空室率上昇にどう対抗していくか。今や、先祖代々の土地であっても、人口減少地域に不動産を保有し続けることをリスクと考える資産家も増えています。また中長期的には、日本に不動産を保有していること自体をリスクと考える必要があるでしょう。

3.「with コロナ・after コロナ影響」

COVID-19は、近代以降の人類にとって最大級の災いといっても過言ではなく、いまだにその戦いは続いています。このCOVID-19は、世界的に産業構造はおろか、人々のマインドの底流に至るまで、大きな変革を余儀なくしています。従前の産業形態から、何が持続的成長モデルなのか、政府からも数々の事業構造変革を促す政策が打ち出されているところですが、SDGs、カーボンニュートラル、地価変動、都心→郊外へ、商業施設→ロジスティックス施設へ等々…数々の大から小にいたる変革が求められていることは一目瞭然です。当然、どの事業にどのスタイルで投資するか、自身の保有資産をどうやって守っていくか、これらを混沌とした状況下で試行錯誤しているわけですが、この厳然たる大きな変革認識なくしては、もはやコンサルテーションなど行う立場にないことは、筆者自身も心を痛めているところであります。

4．最後に

本書は、前述のような富裕層への財産コンサルテーションを取り巻く大きな環境変化に対応し、東京税理士会世田谷支部の有志メンバーがそれぞれの専門実務分野を駆使し、また、一部は、外部執筆エキスパートメンバーに協力いただき、現在考えられ得る対策を集約し、それを一冊にまとめたものです。富裕層への財産コンサルテーションに携わられる多くの専門家・金融関係者・不動産関係者諸兄のコンサルテーションの実践にあたっての羅針盤(「富裕層のTAXPLANING全容(資産家編)」「富裕層のTAXPLANING全容(事業家編)」はそれに向けての試作品としてお許し下さい。)とまでは行かなくても、その一助となれば、執筆者一同心より身の引き締まる思いです。

まだまだ不透明な世界、また変革が続くことを正面から受け止めつつ、執筆者メンバー一同覚悟しており、本書もその都度見直していく必要があるものと認識しております故、読者諸兄にとって価値ある書籍にすべく、是非とも忌憚のないご意見を賜りたく、切にお願いする次第です。

最後に、企画から出版プロジェクト立ち上げに多くのアイデアと叱咤激励を頂いた税務研究会の雲田大輔氏に心より御礼申し上げます。また、出版に至るまで支えて頂いた同社出版局の加藤ルミ子氏はじめ編集や校正に携わって下さった方々に深く感謝いたします。

2021年7月

東京税理士会世田谷支部
税理士　高井　寿

目　次

Ⅰ　資産家編

【凡　例】

本書で使用している主な法令等の略称は原則として下記の通り。
【使用例】相続税法第12条第１項第５号→相法12①五
（法令等）
所法…所得税法
法法…法人税法
相法…相続税法
措法…租税特別措置法
法令…法人税法施行令
法規…法人税法施行規則
所基通…所得税基本通達
法基通…法人税基本通達
相基通…相続税法基本通達
評基通…財産評価基本通達
新型コロナ税特法…新型コロナウイルス感染症等の影響に対応するための国税関係法律の臨時特例に関する法律

＊本書は、原則として令和３年６月１日現在の法令等に基づいている（一部例外あり）。
なお、文中意見にわたる部分は執筆者の私見である。

執　筆　分　担

Ⅰ　資産家編

1　専門家としての基本動作　【高井寿】
2　相続対策の流れ　【松野淳子】
3　都市農家と生産緑地　【冨田稔】
4　不動産オーナーにおけるサブリース活用の考察　【佐藤伸吾】
5　法人成り　【細井聡〈１〉～〈５〉／松野淳子〈６〉】
6　財産債務調書制度　【細井聡】
7　資産の評価・時価　【梅田泰宏〈１〉／高井寿〈２〉】
8　国外転出時課税制度　【風間啓哉】
9　国外遺産の検認　【風間啓哉】
10　同族会社　【風間啓哉】
11　民事信託の有効活用　【高井寿】
12　準確定申告　【四方田彰】
13　資産組換えコンサルテーション　【佐藤伸吾】
14　富裕層国税タスクフォース　【高井寿】

Ⅱ　事業家編

1　専門家としての基本動作　【高井寿】
2　タックスプランニング(基本編)　【細井聡】
3　タックスプランニング(応用編)　【渡邉一司】
4　生命保険の活用と留意点　【四方田彰】
5　法人成りの準備　【高井寿】
6　役員報酬の「定期同額制度」と社会保険料　【木島圭亮】
7　グループ通算制度の適用　【木島圭亮】
8　オペレーティング・リースの活用　【風間啓哉】
9　退職金制度の設計とその準備　【木島圭亮／高井寿〈２〉の図表】
10　MA・上場に向けた覚悟と準備　【高井寿】
11　ストック・オプション　【鏑木愼治】
12　事業承継の具体的方策　【風間啓哉】
13　事業承継税制の有効活用　【高井寿】
14　株式売渡請求その他実務上の課題　【風間啓哉】
15　完全なる投資家としてのタックスマネジメント　【風間啓哉〈１〉〈２〉／小林裕〈３〉】

I　資産家編

1 専門家としての基本動作

資産家に対するコンサルテーションの要諦は、

① そのクライアントの“想い”はどこにあるのか？

② 財産の時価と相続税評価額はいくらか？

の把握にあります。

本書の巻頭に、「富裕層のTAX PLANNING全容（I資産家編）」（全体マップ）を収録していますので、まずは、クライアント（当事者）の方々とともに、現在の状況を確認してみましょう。

「マップ中、今、どの位置にいるのか？」

「特に資産の構成比率として、金融資産比率は何割となっているか？」

現状が確認できたら、次に、「どこに課題があるのか？」を明確にします。

「資産のデフレ？」「収益性？」「後継者の問題？」「納税資金の問題？」…etc.

明らかになった課題について、考えられる対策やどのように進めていくかを具体的に検討していくことになります。

2 相続対策の流れ

資産の中でも、特に土地をお持ちの資産家の方にとって一番の関心事は相続です。

特に先祖から引き継いだ土地を次世代にいかにして引き継いでいけばよいのか。そこに必ず立ちはだかるのが相続税です。相続税はどれくらいかかるのだろうか。納税はできるのだろうか。どのように資産を相続させていくのがいいのだろうか、など心配はつきません。

では、どのように対処していけばいいのでしょうか。

財産のうち土地の占める割合が高い場合、特に農地、元農地をお持ちの場合、土地の面積が1,000㎡以上になることも少なくありません。相続税の土地の評価の基準となる路線価は毎年変化します。路線価が１㎡あたり１万円上昇すれば、1,000㎡で相続財産価額が1,000万円上昇することになります。

土地の評価は路線価×面積という単純な考え方ではありません。土地の形状や広さ、道路付け、また賃貸物件の敷地かどうか、賃貸割合はどうかなどにもよって価額が算定されます。そこで、現状について相続シミュレーションを行い、なるべく正確な財産価額を算定することが重要になります。

次頁の図は相続対策の流れをイメージしたものです。

<相続対策の流れフロー図>

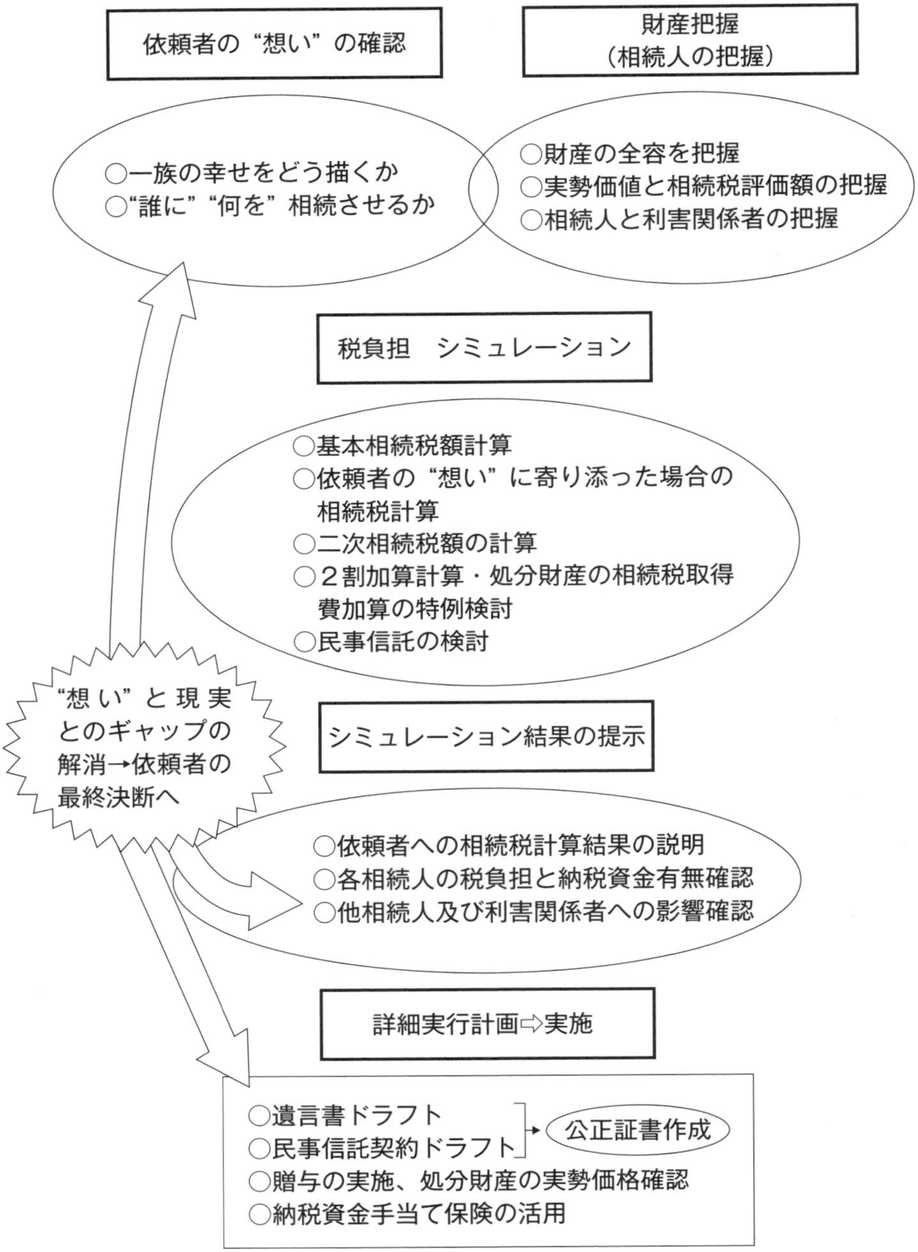

依頼者の"想い"の確認

財産把握
（相続人の把握）

○一族の幸せをどう描くか
○"誰に""何を"相続させるか

○財産の全容を把握
○実勢価値と相続税評価額の把握
○相続人と利害関係者の把握

税負担　シミュレーション

○基本相続税額計算
○依頼者の"想い"に寄り添った場合の相続税計算
○二次相続税額の計算
○２割加算計算・処分財産の相続税取得費加算の特例検討
○民事信託の検討

"想い"と現実とのギャップの解消→依頼者の最終決断へ

シミュレーション結果の提示

○依頼者への相続税計算結果の説明
○各相続人の税負担と納税資金有無確認
○他相続人及び利害関係者への影響確認

詳細実行計画⇨実施

○遺言書ドラフト
○民事信託契約ドラフト
→ 公正証書作成
○贈与の実施、処分財産の実勢価格確認
○納税資金手当て保険の活用

＜1＞ 依頼者の“想い”を確認する

１の基本動作で述べたように、資産家に対するコンサルテーションは、「依頼者の“想い”はどこにあるのか？」を確認することから始まります。ここから、様々な問題が挙がってくるかと思います。

例えば、法定相続人の中に後継ぎとして引き継ぎたい(又は引き継ぐべき)対象人物がいない場合(後継者が法定相続人の中には見当たらない、世代飛ばしの親族等々)、また、対象資産の「時価」と「相続税評価額」が乖離している場合、加えて大きな問題となることとして、引き継いだとしてもその財産が将来収益を生む可能性が低い場合などです。

専門家であっても、「色々と具体的解決策は提案してみたものの、その着手に至っていません。」という方々も多いのではないでしょうか？自分自身を振り返って考えてみても、この「依頼者の“想い”はどこにあるのか？」の明確化が完全でなかったことが原因にあることがほとんどです。

自分自身の聞き取り能力不足が原因であることもありますが、実はクライアント自身も、自分の想いを明確にできないことが多いのです。刻々と変化する社会経済情勢に加え、家族のあり方が大きく変化する中、ここを明確化するのに膨大なエネルギーと覚悟が必要であることを、我々専門家は承知しておかなくてはなりません。

＜2＞ 相続シミュレーション

(1)財産を把握しよう！

シミュレーションを行うにあたっては、財産の把握が必要です。

土地については固定資産の名寄帳を確認します。居住している地域以外や地方に所有している土地があるかどうかも確認します。

金融資産については有価証券を含めすべて把握します。また、名義預金(実質の預金者)になってしまうような預貯金がないかも確認します。

保険関係も確認が必要です。名義保険になるケースも多いため、掛け金の支払者は誰なのかも確認します。保険の権利になる被保険者が本人以外の契約についても相続財産となりますので確認しておきます。

その他、ゴルフ会員権、車両、美術品、金などもリストアップしておきます。
債務については現在残高を確認します。返済完了日を併せて確認しましょう。
贈与についても聞き取りを行う必要があります。精算課税制度を利用していれば相続財産に合算することになります。また、毎年基礎控除以下の贈与を行っている場合であっても相続発生から３年内の贈与については相続財産に加算されます。

＜確認事項のリスト＞

種類	確認するもの	留意点
土地・建物	名寄帳、公図、測量図	所在が地方、固定資産税が非課税
賃貸物件の契約書	賃貸割合、預かり敷金の把握	
有価証券	証券会社の残高	国債等含む
同族会社の株式	同族会社の決算書３期分	株式の評価必要
貸付債権	特に同族会社に対する貸付金	
預貯金	通帳の写し、定期証券	
借入金	借入返済表	複数ある場合は物件ごと
保険契約証券		名義保険の把握、家族名義も含むすべて
過去の贈与		精算課税選択している場合はすべて
その他財産	車、美術品、ゴルフ会員権	
金		貸金庫など

(2)相続税額の試算

金融機関では相続シミュレーションが盛んに行われておりますので、一度は行ったことがある資産家の方も多いかもしれません。平成26年以前に行っている場合は注意が必要です。平成27年の相続税大改正で基礎控除が大幅に減額されているからです。例えば相続人が3人である場合、改正前は基礎控除額が8,000万円でしたが、改正後、現在は4,800万円となります。つまり課税財産が8,000万円である場合、従前は免税範囲だったのが、現在は3,200万円が課税額となってしまうわけです。
また、土地の評価は近年増加傾向にあります。毎年7月1日に発表される路線価で評価することになります。農地などの面積が多い場合はさらに影響は大きくなります。

資産の組換えがある場合もありますので現状を把握するため、定期的にシミュレーションすることをお勧めします。

財産及び債務が一通り把握できましたら相続税額を計算します。

まずは相続税の総額を確認します。そして、配偶者が相続人に含まれているときは配偶者控除を最大に適用を受けた場合の税額も確認します。納税額は相続税総額と配偶者控除最大限活用した場合の間になるわけです(総額≦納税額≦配偶者控除最大活用)。

次に小規模宅地の特例を受けることができる土地を確認し、その場合の税額の変動も確認します。複数の該当する土地がある場合は適用ケースごとに算出します。

さらに財産を相続人に分割した場合の税額も確認します。例えばA物件を子Aが取得した場合、付随する資産や借入金、預かり敷金なども同時に取得承継することになりますがその場合の税額を把握します。

シミュレーションですから確定したものではなく、どのように相続させるとどのような税額になるのかを把握するわけです。

配偶者がある場合、二次相続の税額も併せて確認する必要があります。配偶者固有の財産がある場合など配偶者控除を最大に利用せず、次世代に資産を取得させる方が結果として納税額が抑えられることがあるからです。

相続税額早見表１（配偶者ありの場合）

Ａ：相続税の総額　　Ｂ：配偶者控除最大限利用　　Ｃ：実効税率　　（単位　千円）

課税財産額		配偶者＋子１	C（%）	配偶者＋子２	C（%）	配偶者＋子３	C（%）	配偶者＋子４	C（%）
4000万	A	0	0.0	0	0.0	0	0.0	0	0.0
	B	0	0.0	0	0.0	0	0.0	0	0.0
5000万	A	800	1.6	200	0.4	0	0.0	0	0.0
	B	0	0.0	0	0.0	0	0.0	0	0.0
6000万	A	1,800	3.0	1,200	2.0	600	1.0	0	0.0
	B	0	0.0	0	0.0	0	0.0	0	0.0
7000万	A	3,200	4.6	2,250	3.2	1,600	2.3	1,000	1.4
	B	0	0.0	0	0.0	0	0.0	0	0.0
8000万	A	4,700	5.9	3,500	4.4	2,750	3.4	2,000	2.5
	B	0	0.0	0	0.0	0	0.0	0	0.0
9000万	A	6,200	6.9	4,800	5.3	4,000	4.4	3,250	3.6
	B	0	0.0	0	0.0	0	0.0	0	0.0
10000万	A	7,700	7.7	6,300	6.3	5,250	5.2	4,500	4.5
	B	0	0.0	0	0.0	0	0.0	0	0.0
１億1000万	A	9,600	8.7	7,850	7.1	6,500	5.9	5,750	5.2
	B	0	0.0	0	0.0	0	0.0	0	0.0
１億2000万	A	11,600	9.7	9,600	8.0	8,050	6.7	7,000	5.8
	B	0	0.0	0	0.0	0	0.0	0	0.0
１億3000万	A	13,600	10.5	11,350	8.7	9,800	7.5	8,500	6.5
	B	0	0.0	0	0.0	0	0.0	0	0.0
１億4000万	A	15,600	11.1	13,100	9.4	11,550	8.2	10,000	7.1
	B	0	0.0	0	0.0	0	0.0	0	0.0
１億5000万	A	18,400	12.3	14,950	10.0	13,300	8.9	11,750	7.8
	B	0	0.0	0	0.0	0	0.0	0	0.0
１億6000万	A	21,400	13.4	17,200	10.8	15,350	9.6	13,500	8.4
	B	0	0.0	0	0.0	0	0.0	0	0.0
１億8000万	A	27,400	15.2	22,000	12.2	19,850	11.0	18,000	10.0
	B	3,044	1.7	2,444	1.4	2,206	1.2	2,000	1.1
２億	A	33,400	16.7	27,000	13.5	24,350	12.2	22,500	11.3
	B	6,680	3.3	5,400	2.7	4,870	2.4	4,500	2.3
２億2000万	A	39,400	17.9	32,000	14.5	28,850	13.1	27,000	12.3
	B	10,745	4.9	8,727	4.0	7,868	3.6	7,364	3.3

2億4000万	A	45,400	18.9	37,000	15.4	33,500	14.0	31,500	13.1
	B	15,133	6.3	12,333	5.1	11,167	4.7	10,500	4.4
2億6000万	A	53,200	20.5	43,200	16.6	38,800	14.9	36,000	13.8
	B	20,462	7.9	16,615	6.4	14,923	5.7	13,846	5.3
2億8000万	A	61,200	21.9	50,200	17.9	44,800	16.0	41,500	14.8
	B	26,229	9.4	21,514	7.7	19,200	6.9	17,786	6.4
3億	A	69,200	23.1	57,200	19.1	50,800	16.9	47,000	15.7
	B	32,293	10.8	26,693	8.9	23,707	7.9	21,933	7.3
3億2000万	A	77,200	24.1	64,200	20.1	56,800	17.7	53,000	16.6
	B	38,600	12.1	32,100	10.0	28,400	8.9	26,500	8.3
3億5000万	A	89,200	25.5	74,700	21.3	65,800	18.8	62,000	17.7
	B	44,600	12.7	37,350	10.7	32,900	9.4	31,000	8.9
4億	A	109,200	27.3	92,200	23.1	83,099	20.8	77,000	19.3
	B	54,600	13.7	46,100	11.5	41,550	10.4	38,500	9.6
4億5千万	A	129,600	28.8	109,850	24.4	100,600	22.4	92,000	20.4
	B	64,800	14.4	54,925	12.2	50,300	11.2	46,000	10.2
5億	A	152,100	30.4	131,100	26.2	119,250	23.8	110,000	22.0
	B	76,050	15.2	65,550	13.1	59,625	11.9	55,000	11.0
6億	A	197,100	32.9	173,600	28.9	156,750	26.1	147,500	24.6
	B	98,550	16.4	86,800	14.5	78,375	13.1	73,750	12.3
7億	A	245,000	35.0	217,400	31.1	197,699	28.2	186,000	26.6
	B	122,500	17.5	108,700	15.5	98,850	14.1	93,000	13.3
8億	A	295,000	36.9	262,400	32.8	242,700	30.3	226,000	28.3
	B	147,500	18.4	131,200	16.4	121,350	15.2	113,000	14.1
10億	A	395,000	39.5	356,200	35.6	332,699	33.3	313,000	31.3
	B	197,500	19.8	178,100	17.8	166,350	16.6	156,500	15.7
20億	A	932,900	46.6	868,800	43.4	823,650	41.2	790,000	39.5
	B	466,450	23.3	434,400	21.7	411,825	20.6	395,000	19.8

相続税額早見表２（子のみ）

Ａ：相続税の総額　　Ｃ：実効税率　　　　　　　　　　　　　　　　　　　　　　　（単位　千円）

課税財産額	子のみ１人：Ａ	Ｃ（%）	子のみ２人：Ａ	Ｃ（%）	子のみ３人：Ａ	Ｃ（%）	子のみ４人：Ａ	Ｃ（%）
4000万	400	1.0	0	−	0	−	0	−
5000万	1,600	3.2	800	1.6	200	0.4	0	0.0
6000万	3,100	5.2	1,800	3.0	1,200	2.0	600	1.0
7000万	4,800	6.9	3,200	4.6	2,200	3.1	1,600	2.3
8000万	6,800	8.5	4,700	5.9	3,300	4.1	2,600	3.3
9000万	9,200	10.2	6,200	6.9	4,800	5.3	3,600	4.0
１億	12,200	12.2	7,700	7.7	6,300	6.3	4,900	4.9
１億1000万	15,200	13.8	9,600	8.7	7,800	7.1	6,400	5.8
１億2000万	18,200	15.2	11,600	9.7	9,300	7.8	7,900	6.6
１億3000万	21,200	16.3	13,600	10.5	10,800	8.3	9,400	7.2
１億4000万	24,600	17.6	15,600	11.1	12,400	8.9	10,900	7.8
１億5000万	28,600	19.1	18,400	12.3	14,400	9.6	12,400	8.3
１億6000万	32,600	20.4	21,400	13.4	16,400	10.2	13,900	8.7
１億8000万	40,600	22.6	27,400	15.2	20,400	11.3	17,200	9.6
２億	48,600	24.3	33,400	16.7	24,599	12.3	21,200	10.6
２億2000万	56,600	25.7	39,400	17.9	30,600	13.9	25,200	11.5
２億4000万	64,800	27.0	45,400	18.9	36,600	15.3	29,200	12.2
２億6000万	73,800	28.4	53,200	20.5	42,599	16.4	33,800	13.0
２億8000万	82,800	29.6	61,200	21.9	48,600	17.4	39,800	14.2
３億	91,800	30.6	69,200	23.1	54,600	18.2	45,800	15.3
３億2000万	100,800	31.5	77,200	24.1	60,599	18.9	51,800	16.2
３億5000万	115,000	32.9	89,200	25.5	69,799	19.9	60,800	17.4
４億	140,000	35.0	109,200	27.3	89,800	22.4	75,800	19.0
４億5000万	165,000	36.7	129,600	28.8	109,800	24.4	90,800	20.2
５億	190,000	38.0	152,100	30.4	129,799	26.0	110,400	22.1
６億	240,000	40.0	197,100	32.9	169,800	28.3	150,400	25.1
７億	293,200	41.9	245,000	35.0	212,400	30.3	190,400	27.2
８億	348,200	43.5	295,000	36.9	257,399	32.2	230,400	28.8
９億	403,200	44.8	345,000	38.3	302,400	33.6	272,700	30.3
10億	458,200	45.8	395,000	39.5	350,000	35.0	317,700	31.8
20億	1,008,200	50.4	932,900	46.6	857,599	42.9	805,000	40.3

相続税額早見表の見方

○配偶者がある場合（相続税額早見表１）

相続税課税財産額　　200,000,000円

（不動産、金融資産等　220,000,000）－（債務、葬儀費用等20,000,000）

相続人　　配偶者と子１人

相続税の総額　　　　　　A　　33,400,000　円

配偶者控除最大限活用　　B　　 6,680,000　円

配偶者と子の財産取得額の配分により

B　≦　実際の相続税納税額　≦　A

C　実効税率は課税財産額に対しての納税額の割合

＊相続財産課税総額が３億２千万円からは配偶者控除を最大利用（課税価額の２分の１以上取得）で相続税額は総額の半分となります。

○子のみの場合（相続税額早見表２）

相続税額の総額は取得状況によって変わることはありません。

ただし、配偶者の有無にかかわらず次の場合は税額が変動します。

①　小規模宅地の特例の適用を受ける場合、取得者によって課税財産価額が変動する場合がありますので、財産額の変動に伴ない相続税額も変動します。

②　障害者控除対象者、未成年者控除対象者の控除額以上の財産の取得があるかどうかによって税額が変動します。

(3)現状把握

一家の財産、債務をすべて把握し、それらに対する相続税がどれくらいの額になるのかを把握することができましたら、現状分析です。

どの土地がどれくらいの評価額となっているのか、ご自身の感覚とずれがある場合もあります。感覚より評価が高い場合、低い場合もあります。

また、納税額と金融資産とのバランスもわかります。

二次相続を考慮した場合、配偶者控除を最大限に使うことだけが得策ではありません。納税額だけでは判断できないこともありますが、分割案を考えるときの重要な指針となります。

＜3＞　納税資金の手当て

現況把握により必要納税額がわかります。

現状の金融資産で納税できればまずは一安心です。

次にご本人の預貯金では足りていない場合であっても相続人(配偶者、子)の預貯金を合算すればどうにかなるのであればクリアです。

退職金や生命保険金額も納税資金となります。納税は配偶者ではなく子になりますので受取人を子にしておく必要があります。

問題になるのは金融資産総額で不足している場合です。その後の生活がありますから、もちろん全額を納税に充ててしまうこともできません。

納税方法としては、まず現金納付、次に延納、その次に物納という手順になります。

延納、物納については相続人の固有の預貯金も納税に充てることになります。また収益物件を引き継げば当然その収入を納税に充てなければなりません。

農地、株式の納税猶予制度もあります。農地の場合、農業相続人は一生涯農業を継続しなければならないハードルがあります。ある程度の年齢の配偶者であれば可能性が高いと思います。

以下、現金がない時の納税資金の調達方法について紹介します。

①　金融機関からの借入で納税

この場合、支払利息は一切経費にはなりませんが、いざというときに備えて普段から金融機関との関係づくりをしておくことが重要です。

②　土地を売却して資金調達

相続発生から納期限10か月の間にまず手当てする必要があるため、売却しやすい駐車場、更地の確保を考えておきます。もちろん貸家の現況売却もできますが手間、時間、金額面で諸々ハードルがあります。また相続税の取得費加算制度はありますが、所得税がおおよそ20%かかりますので手元に残るのは売却額の80%と考える必要があります。

しかしながら、土地の評価額より高い金額で売却できることも少なくありませんので、あらかじめ売却できる土地なのかどうか、現状いくらくらいで売却できるのか調べておくことも必要です。

③　同族法人への売却

同族法人が融資を受け、相続人から不動産を買い取ることにより、相続人の納税資金を確保することも可能です。相続人は②の土地売却と同じ内容ですが、その家の資産を第三者(外部)に売却せずに保有し続けることができます。

＜4＞　遺言書の作成

争う相続＝争続(そうぞく)を起こさないために、そしてご本人の意思を伝えるためには遺言書が必要です。

また、高齢化社会において残された配偶者が認知症を患ってしまい、後見人を立てなければならなくなった場合には、その点を考慮した遺言書を残しておかないとその家族にとって有効な財産の承継ができなくなってしまいます。

自筆遺言書の作成について財産の記載は自署を求めないよう緩和され、自筆遺言を法務局で低価格で保管してくれるようにもなりました。その場合、自筆遺言の検認作業も不要となりました。

公証役場において相続に際し漏れのない遺言書を作成することをお勧めしますが、とりあえずの自筆遺言作成も有効です。

ポイント１　遺留分を考慮する

現代において、家を継ぐ、つまり本家を守らなければならないため長男がほとんど財産を引き継ぐということにはなかなかなりません。情報も豊富にありますので、権利を主張された場合には民法改正により遺留分侵害額として現金で支払う必要があります。遺留分は法定相続分の２分の１となりますが、遺言書がない場合は法定相続分の権利が相続人にはありますので、その面からも遺言書は有効です。

ポイント2 納税額を考慮する

納税まで考慮して分割案を考え、遺言書を作成してください。遺言書の作成はされていたものの直系の孫に相続させるという内容で、そのまま相続を進めると2割加算となり、納税ができなくなるため結局活用できず分割協議を行うことになった例もありました。

ポイント3 予備的遺言も必要

何が起こるかわからないということを考慮してください。相続人が遺言者より若くても先に亡くなってしまうことは珍しくありません。100歳以上まで長生きされる方も増えていますが、平均寿命からすると子供の方が先に寿命を迎えてしまうことがあるわけです。誰々に相続させると記載しても、その当事者が先に亡くなってしまった場合、遺言書ではその相続人の代襲相続はできないのです。子が先に亡くなった場合、その財産は「孫の○○に相続させる」という条項を追加しておきます。

＜5＞ 課税財産額を減らす・増やさない

納税資金が手当てされ、遺言書の作成が済みましたら、次の段階として、いかに納税額を抑えることができるかを考えることになります。

財産を減らしたい人はいないはずですので、その家単位で考えることが重要です。財産価額を減少させること、そして今後生じる収入を分散させることにより課税される財産総額を増加させないことが重要です。

現在相続税と贈与税を一体課税にしようとする動きがあります。税率差を活用する贈与については活用できなくなることも念頭に入れておく必要があります。

ポイント1 贈与を活用

まず、居住用財産の配偶者への贈与は必須です。婚姻期間20年以上の配偶者の場合、居住用財産は2,000万円まで非課税ですので、暦年贈与を含めると2,110万円まで非課税で贈与できます。登録免許税はかかりますので、相続税が免税範囲の場合は注意が必要です。相続発生の直前でも贈与が適正に行われていれば、相続税には一切カウントされません。民法改正もこの制度に追いついた状況です。

次に、金融資産の贈与を活用しましょう。毎年行う暦年贈与について基礎控除額が110万円ということは皆さんご存知です。そのため110万円以下の贈与を行っている方も多いと思います。もしくは贈与税の申告をすることで証拠能力を上げるため111万円の贈与をして1,000円納税、120万円贈与で１万円の納税をされている方も見受けられますが、相続税の実行税率(P10～12早見表参照)と贈与税の実効税率を比較し効率的に贈与することも必要と思います。

また、財産を取得する相続人に対する贈与は相続発生から３年以内の分はさかのぼって相続財産として計算されます。しかし、相続人以外、孫(養子となっていない場合)、子の配偶者などへ贈与した分については贈与税の申告で完了です。財産を相続しない相続人に対する贈与も対象外です。

住宅取得資金の贈与、教育資金贈与についても相続財産とは切り離されますので有効です。

ただし、相続時精算課税制度を利用するときは、その時点では25,000,000円まで課税されませんが相続財産としてカウントされますので注意しましょう。

相続シミュレーションでも触れましたが、基礎控除額以下の贈与であっても３年以内加算の対象にはなりますので注意が必要です。

贈与税額早見表

贈与額(円)	贈与税額(円)	
	一般贈与、特例贈与とも同じ	実効税率(%)
110万まで	0	
120万	10,000	0.83
130万	20,000	1.54
140万	30,000	2.14
150万	40,000	2.67
160万	50,000	3.13
170万	60,000	3.53
180万	70,000	3.89
190万	80,000	4.21
200万	90,000	4.50
210万	100,000	4.76
220万	110,000	5.00
230万	120,000	5.22
240万	130,000	5.42
250万	140,000	5.60

260万	150,000	5.77
270万	160,000	5.93
280万	170,000	6.07
290万	180,000	6.21
300万	190,000	6.33
350万	260,000	7.43
400万	335,000	8.38
410万	350,000	8.54

贈与額	一般贈与	実効税率％	特例贈与	実効税率％
420万	370,000	8.54	365,000	8.69
430万	390,000	8.81	380,000	8.84
440万	410,000	9.07	395,000	8.98
450万	430,000	9.56	410,000	9.11
500万	530,000	10.60	485,000	9.70
550万	670,000	12.18	580,000	10.55
600万	820,000	13.67	680,000	11.33
650万	970,000	14.92	780,000	12.00
700万	1,120,000	16.00	880,000	12.57
750万	1,310,000	17.47	1,020,000	13.60
800万	1,510,000	18.88	1,170,000	14.63
850万	1,710,000	20.12	1,320,000	15.53
900万	1,910,000	21.22	1,470,000	16.33
950万	2,110,000	22.21	1,620,000	17.05
1000万	2,310,000	23.10	1,770,000	17.70
1100万	2,710,000	24.64	2,070,000	18.82
1200万	3,155,000	26.29	2,460,000	20.50
1500万	4,505,000	30.03	3,660,000	24.40
2000万	6,950,000	34.75	5,855,000	29.28

ポイント２　非課税枠の活用

①　生命保険の活用

死亡保障の生命保険については500万円×相続人の人数まで非課税となります。加入していたつもりでも、80歳で満期となり保証が終了しているケースもあります。一方、80歳以上であっても加入できる保険もあります。

また、保険の受取人を配偶者にしているケースが多いと思いますが、ある程度の年齢になり、その後の生活の保障が確保できたら、受取人を納税負担者である子に変更することをお勧めします。保険の受取人が配偶者である場合と子である場合では、資金調達に何百万円もの差が出るケースもあります。

保険は受取人を指定でき、遺産分割の対象から外れますので、遺言以外の金銭の行き先を決めることも可能です。このような場合は、控除額にこだわらず指定することで納税がスムーズに行われることになります。

② 退職金の活用

生命保険のほか、退職金についても500万円×相続人の人数が非課税となります。小規模企業共済に加入されている場合は、その死亡時の受取額が対象になります。同族会社の役員で報酬を受けている方は退職金、弔慰金の支給も考慮しておきましょう。

ポイント3 土地の評価額を減少させる

① 小規模宅地等の特例の活用

被相続人が居住していた居宅の敷地について330㎡まで20％の評価になる特例があります。これには要件があります。配偶者が取得する場合は無条件ですが、子が相続する場合は各種要件があります。

特定事業用の宅地や貸付事業用の宅地についても特例があります。それぞれ要件がありますので、しっかりと確認して利用できないことがないようにしましょう。

② 貸家建付地の評価

賃貸用物件の敷地については貸家建付地として賃借人の借家権を認める形で減額がされます。ただし、賃貸割合により減額割合が変動します。最近はどれくらいの期間空き室であったかにより、募集はしていたとしても貸家として認められない案件が散見されます。

また、特に戸建て賃貸の場合は相続発生時点において空き家であれば更地価格となってしまいます。

同族法人に建物を売却して、土地の無償返還の賃貸借契約を結び、税務署へ無償返還に関する届を行っている場合は、土地の評価は更地価格の80％となり変動しません。土地の所有者が法人の株式を所有している時は、株式の評価を行う時に借地権として20％分を加算して計算します。よって、土地の所有者は、同族法人の株式は所有しないことが求められます。

未利用地、駐車場については更地価額となります。相続税納税のための売却用地でなければ、事業用物件を建設し、土地の評価減及び建物建設費用と建物固定資産税評価額との差額が評価の減額となります。法人で建設するか個人で建設するかは借入の金額、ご本人の年齢等を考慮して決めることが必要です。

ポイント４　個人の収入を増やさない

同族法人に収益物件を譲渡するなど賃貸収入を法人に移しましょう。所得税率が高い場合は、法人税額の増加額より、所得税の減少額が多くなります。

ただし、個人の収入を増やさないための法人活用ですので、同族法人から多額の報酬を受けないようにしましょう。

ポイント５　「借入をすれば相続対策になる」は間違い

よく、「借入をすれば相続税が下がりますか？」という質問を受けます。

ただ借入しただけでは現預金が増えるだけなので、プラスマイナスゼロで課税価額は減少しません。

例えば、１億円借りて更地に１億円の賃貸用建物を建設したとします。１億円の建物であっても固定資産税評価額は高めでも６～７割の評価となります。貸していればその７掛けになりますので、７割の固定資産税評価でも0.7×0.7で49％、つまり4,900万円の評価になり１億円の価値が5,100万円減額されます。また、土地についても借地権割合が60％の土地であれば貸家建付け地評価となり、更地の82％評価となります。その評価額の減少分が、相続対策と言われている仕組みです。

＜６＞　民事信託の活用

認知症対策、相続人に子供がいないケースなど次の相続の方向性を決めていきたいときは民事信託を活用できます（民事信託についてはP87参照）。

3 都市農家と生産緑地

今日、日本の農業を取り巻く経営環境はかなり厳しい状況に置かれています。

特に都市農家においては、市街地の急速な拡大の中で、地価の上昇による土地所有コストの増大等により、農業経営は逆風にさらされてきました。

いわゆる富裕層というくくりの中でも、都市農家はその保有財産の大半が土地という非常にアンバランスな財産構成で成り立っており、土地所有コストの中でも一番負担の大きい相続税が農業の持続化を困難なものとしています。

さらに農業従事者の高齢化、後継者不足は深刻化し、農業を持続的に営んでいくための抜本的な対策が求められてきました。

このような社会情勢の中、近年は食の安全や防災の観点から都市農業に対する住民世論は大きな変化を遂げ、都市政策と農業政策の整合を図りつつ都市農地を存続させていくために平成27年に都市農業振興基本法が成立・施行され、平成29年に生産緑地法一部改正、平成30年には都市農地貸借円滑化法が施行されました。

以下では、生産緑地制度改正、民法改正など時代の変化に伴う都市農家の相続の問題点と対応策をいくつか列挙します。

＜1＞　2022年問題

高度成長期における都市への急激な人口流入に伴う宅地需要の増大から市街化区域内農地の転用による住宅宅地供給の促進が求められる一方、良好な生活環境を確保するための農地の保全の必要性から、平成３年の生産緑地法改正により、三大都市圏特定市の市街化区域においては、農地所有者は保有する農地を生産緑地に指定するか、しないかの選択を求められることとなりました。

この改正により、市町村長より指定告示をされた生産緑地は全国で約８割あるといわれ、指定告示より30年目に当たる2022年（令和４年）には、一斉に市町村長に買取り申出をすることが可能になります。

これがいわゆる2022年問題で、これに対応するため平成29年に「都市緑地法等の一部を改正する法律」が成立・施行され、新たに特定生産緑地制度が創設されることとなりました。

この2022年問題では、農地の宅地化が進み、土地の大量供給、供給過剰が発生することにより土地価格の下落の可能性が懸念されています。

しかし、現在東京都内農協の某地区では、その地区で営農している生産緑地農家約100軒中、特定生産緑地の指定の申請済みは60％、申請予定35％、一部解除予定５％と、一部解除も含めるとほぼ100％が特定生産緑地の指定を受ける予定となっています。

このデータによると、マスメディア等で騒がれているほど極端に農地の宅地化が進むとは考えにくいと思われます。

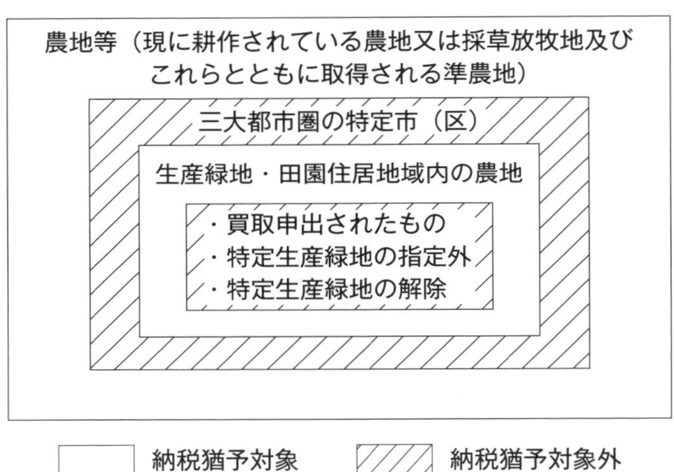

＜2＞　改正生産緑地法のポイント

(1)指定条件の緩和

市区町村が条例を定めることで生産緑地指定の下限面積である500㎡を300㎡まで引き下げることが可能となり、一団の農地の考え方も緩和されたことにより「道連れ解除」の可能性も大幅に下がり、小規模な農地でも生産緑地の維持が可能となりました。

(2)施設設置の緩和

改正前は生産、集荷、貯蔵等に用いる施設しか設置が認められませんでしたが、地元の農産物を用いた商品の製造、加工、販売、レストランのための施設を市区町村長の認可を受けて設置することが可能となりました。

ただし、施設用地については、相続税の納税猶予制度の対象外となります。

(3)特定生産緑地制度

指定後30年が経過した生産緑地はいつでも買取り申出ができる状態となり、最終的には固定資産税が宅地並み課税となります。

30年経過までに特定生産緑地を選択し指定を受けると、営農を継続しながら従来と同じ固定資産税の農地課税や相続税納税猶予制度などの税制優遇措置を受けることができます。

営農を継続する意思がある、もしくは農業後継者がいるなどの場合には、特定生産緑地の指定を受けるべきでしょう。

指定は10年ごとに更新可能ですが、指定を受けずに30年経過した場合や指定を外れた場合には特定生産緑地の指定を受けることができなくなります。

<3> 都市農地の賃借の円滑化に関する法律による生産緑地の賃貸

都市農業者が市区町村に事業計画を提出し、農業委員会の決定を経て事業認定されると、その賃貸借契約は従来の農地法による法定更新の例外となり、契約期間終了後に生産緑地は所有者へ返還されることとなりました。

この制度を利用することにより、所有者は契約期間後に農地が返ってくるので安心して農地を貸せる、また、相続税納税猶予を受けたままで農地を貸すことができるなどのメリットが生じます。

<4> 民法改正に伴う農地の生前一括贈与の活用

通常は相続発生時に相続税の納税猶予制度を適用しますが、相続による農地の細分化を防ぎ、農業後継者を税制面で支えるために、農地を生前一括贈与することによる贈与税納税猶予制度があります。

改正前の民法では、遺留分の算定の基礎となる期間は、受贈者が相続人以外の場合は原則として相続開始前１年間にされた贈与に限られますが、相続人の場合には特別受益に該当するものは期間の制限なく遺留分の算入対象となっていました。

しかし改正後の民法では、相続人に対する特別受益についても、相続開始前10年間にされたものに限り遺留分の参入対象とすることとなりました（令和元年７月１

日施行)。

農業後継者が決まっている場合、早めに農地の生前一括贈与をし、農地を遺留分減殺請求の対象から外すことにより、農地の細分化を防ぎ、経済的にもよりスムーズに農業事業を承継し営んでいけることとなります。

<5>　延納のリスク

相続税の納付は、原則として納付期限までに各相続人が現金で一括して納付することになっています。

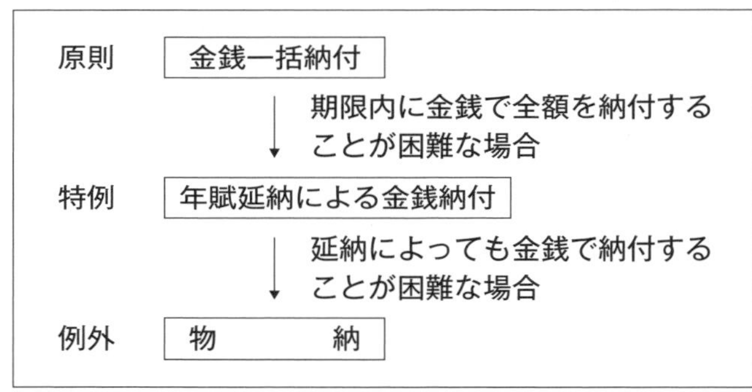

現金や預金を多く相続した場合には問題はありませんが、都市農家のように相続財産のほとんどが不動産という場合には、納付期限までに相続税を金銭で一括納付することは簡単ではありません。

そこで、年払いで分割納付する延納制度と相続した財産で納める物納制度が設けられています。

現金一括納付が原則なので、相続財産のほとんどが不動産である場合には、まず申告期限内に不動産を売却し、その売却資金で相続税を納付することが考えられます。

相続した不動産が収益性の高い賃貸物件で、そのキャッシュフローで分割納付が可能な場合には、延納制度も選択肢の一つとなります。

相続財産のうち不動産等の占める割合が75%以上の場合、延納期間は最長20年と長期間となるため、考えられる延納のリスクとして延納期間中の不動産価格の値下がりがあります。

右肩上がりの経済成長により、不動産価格の上昇が必ず見込めるのであれば、延納制度を利用し不動産を残すメリットを享受できますが、現在の日本経済の現状を見ると先行きは不透明と言わざるを得ません。

また、延納期間中の利子税、物件の維持費用、空き室リスクなども含めると、延納制度の選択の可否判断は大変難しいものとなります。

<6>　物納の活用

物納の年間申請件数は平成29年から令和元年度の３年平均で76件と100件にも満たない状況となっています。

これは平成18年の税制改正に伴い延納・物納の取扱いが見直され、申請手続きが煩雑となったこと、申請要件が厳しくなったことなども原因の一つではありますが、最近は国の長期に渡る超低金利政策により、一時は深刻であった不動産デフレが止まり、物納として不動産を国に収納されるよりも、不動産を売却した現金で相続税を納付する方が有利なケースが増えたためでもあります。

しかし、新型コロナ禍後のニューノーマル時代の到来による価値観の変化が不動産価格にどのような影響を及ぼすのかは全く予想がつきません。場合によっては不動産デフレが復活し、路線価と時価の逆転現象により物納が有利という時代も再びやってくるかもしれません。

特に都市農家は、その保有する財産の大半が不動産という極端なケースも少なくありません。現在は、都市農家の相続では、金融資産が少ない場合、相続した土地の一部を売却して相続税の納付に充てるケースがほとんどですが、上記のような逆転現象が生じた場合に備え、物納制度を理解しておくことも必要であると考えます。

以下に物納制度のメリット・デメリット、問題点等を列挙します。

(1) メリット・デメリット

物納による最大のメリットは、物納許可限度額までの所得税（譲渡所得）が非課税となることです。

物納は相続税支払いの代物弁済なので、本来は譲渡所得の課税対象となりますが、租税特別措置法第40条の３で、相続税の物納による譲渡所得は非課税とされています。

一方、デメリットとしては、物納に充てられる相続財産は、不動産や上場有価証券、非上場株式など一定の資産に限定されていること、相続税の申告期限内に物納申請書を提出し、税務署長の許可または却下処分を待たなければならないこと、許可されるまでの期間について利子税がかかること、100％許可される保証がないことなどが挙げられます。

(2)事例による問題点と注意点

次に、実際の物納事例で問題点を時系列で検証します。

事例

申請者となる相続人が承継する財産は土地のみで取得財産の価額は当該申請土地を含め約３億３千万円、納付税額は約１億４千５百万円となりました。

物納申請の対象となる土地は、東京都内に所在する山林(地積約750㎡)で相続税評価額(物納申請税額)は約１億４千万円です。

現地は道路からの高低差は約14mあり宅地開発には多額の造成費等がかかることが予想され、業者の査定価格は相続税評価額を大きく下回る８千万円であったため物納申請を選択することにしました。

経過

① 物納は、延納によっても金銭で納付することを困難とする事由があり、かつ、その納付を困難とする金額を限度とするという要件があり、物納申請書と共に「金銭納付を困難とする理由書」を併せて申告期限内に提出しなければなりません。

事例の申請者は、サラリーマンで年間給与収入は約300万円ですが、計算で減額できる生活費は独身の場合10万円×12か月がベースとなり、その他に税金、社会保険料、生活費の検討に当たって加味すべき金額があります。

留意点 生活費の検討に当たって加味すべき金額についてはその根拠となる費用内容と金額を一覧にするなど､非常に細かい記載が要求されます。

また、相続した預貯金、申請者が元々保有していた預貯金などは、まず相続税の納付に優先して充当しなければならず、納付に充当できない理由として概ね１年以内に見込まれる臨時的な収入・支出の額を記載し、根拠資料を添付しなければなりません。

金銭納付を困難とする理由書の記載内容が実態と異なるなどの不備がある場合には申請却下の可能性もあるので留意が必要です。

② 平成29年４月６日に相続税物納申請書と「金銭納付を困難とする理由書」を提出しました。

③ 当該申請土地は、申告期限までに測量が完了していなかったこと、また、隣地に分譲マンション、複数の地権者が存在し、工作物(擁壁、塀等)が越境していたため、境界確認書、工作物等の越境の是正に関する確認書、建物等の撤去及び使用料の負担等を求めない旨の確約書が間に合わなかったため、「物納手続関係書類提出期限延長届出書」を①の書類と併せて提出することになりました。

留意点 延長期限は物納申請期限の翌日から３か月以内の日となり、再延長は何回でも可能ですが、物納申請期限の翌日から起算して１年を超えることはできません。

延長した期間については利子税がかかります。

④ 平成29年５月28日　東京国税局より所轄税務署より徴収を引き継ぐ旨の徴収の引受通知書と徴収猶予通知書が届きました。

⑤ 結局、本件の②の手続等関係書類が完全に揃うまで６か月以上かかったため、更に期限延長届出書を２回提出することとなりました。

⑥ 平成29年10月18日　東京国税局徴収部納税管理官の現地調査が実施されました。

⑦ 平成29年11月12日　「物納申請財産に関する措置通知書」が届き、その内容は、物納申請財産の敷地内の果樹の伐根とポンプ設備及びその地下の空洞(井戸等)の撤去及び埋め戻しで、措置の期限は平成30年３月29日でした。

留意点 措置期限までに物納申請財産の整備ができない場合、措置期限までに３か月の範囲内の日を期限とする「収納関係措置期限延長届出書」を提出して、措置期限を延長することができます。

再延長は何回でも可能ですが、一度の届出によって延長できる期間は３か月で措置通知書を受けた日の翌日から起算して１年を超えることはできません。

延長した期間については利子税がかかります。

⑧　平成29年12月10日　果樹の伐根とポンプ設備及びその地下の空洞(井戸等)の撤去及び埋め戻しが完了したため「物納申請財産に関する措置事項完了届出書」を提出しました。

⑨　平成30年１月24日　東京国税局徴収部納税管理官及び関東財務局国有財産管理官による措置事項についての現地確認調査が実施されました。

井戸の撤去を依頼した業者も立ち会い、ポンプについては地下43mより引き上げ撤去しましたが、ポンプに付随する約50mの鉄管については地盤及び水脈への影響を考慮し撤去していない旨を説明しました。

⑩　平成30年２月18日「収納関係措置事項の未完了等のお知らせ」が届きました。その内容は、ポンプ設備及びその地下の空洞(井戸等)の撤去及び埋め戻しについて不完全であるので、全て撤去及び処分した上で、埋め戻しを行うこと、全てを撤去できない場合には、客観的な理由を書面により提出とのことでありました。

⑪　平成30年２月27日　鉄管を完全撤去できない客観的理由として、鉄管撤去による地盤崩落、水脈への影響などを記載した報告書を撤去業者が作成し提出しました。

⑫　平成30年３月７日　⑪の報告書を受け、撤去業者の事務所において、東京国税局徴収部納税管理官及び関東財務局国有財産管理官による記載内容の詳細確認が行われ、より専門的見地に基づく資料の提出及び報告書の提出が求められました。

⑬　平成30年３月22日　新たに依頼した土木建築コンサルタントと東京国税局徴収部納税管理官及び関東財務局国有財産管理官で必要とされる報告資料と報告内容について打ち合わせを行いました。

措置期限の３月29日までの提出は難しいため「収納関係措置期限延長届出書」を提出することとしました。

⑭　平成30年６月26日　工作物等を配置した現況実測平面図、また、新たに断面測量図を添付し、50mの鉄管撤去は当該敷地内だけの掘削では不可能で、近隣住民への影響、水脈に対する影響、地盤崩落のリスクから完全撤去は非現実的との報告書を提出しました。

⑮　平成30年７月８日付けの「相続税物納許可通知書」が届き、物納が許可されました。

留意点 本事例は、完全撤去できない工作物(井戸等)がある山林という特殊な案件ではありましたが、申請から収受まで１年以上の期間を要し、利子税の負担、測量及び境界確認、工作物撤去費用、コンサルタント費用など、収受に係る費用も多額となる事案となってしまいました。

例外的措置を適用する場合、その適否については単なる報告だけでなく、専門的見地に基づく根拠となる説明資料が必要となります。

措置が不備であると認定されると、管理処分不適格財産に該当することになり、物納申請が却下されるので注意が必要です。

<7> 底地問題とその対応策

都市農家の抱える問題の一つに底地問題があります。

都市部の各単位農協によって違いはありますが、一例を挙げると正組合員(農業者等)のうち実際に営農している農家は約25%というデータがあります。

さらに、営農している農家であっても農業だけで生計を立てるのは困難で、営農していない農家を含めほとんどの方が不動産貸付業などを兼業して生計を維持しているのが現状です。

東京でも特に古くから鉄道整備と宅地開発が進んだ城南地区では、農地を宅地転用し貸宅地化した例が多く、相続の際には悩みの種となっています。

貸宅地は、その地代収入が他の不動産賃貸と比較して収益力が弱く、換金化も難しいという特徴があります。借地権割合が60%で底地の評価額が40%の地域の場合、借地人以外の第三者が買い取る価額は評価額の半分以下となってしまうのが通常です。

つまり、貸宅地を売却し、相続税の納税資金を捻出するというスキームが成立しないこととなります。

それでは、相続財産の大半が貸宅地という相続の場合、どのような対応策が考えられるでしょうか。

底地は、その売却価額が相続税評価額を下回るのはほぼ確実なので物納が可能であれば物納を選択するのが得策といえます。前述した通り、物納した場合には所得税はかかりません。

ただし、底地の物納は、契約書の有無、登記簿面積との合致、適正地代の収受、確定測量が済んでいることなど、通常の宅地の物納より要件が厳しくなるため、相続発生前の早い段階での事前準備が必要となります。

もう一つの対応策としては、資産の組換えが考えられます。

底地は、第三者への売却による換金化が難しいため、将来的に事業承継させたい子などの相続人が設立した同族会社に底地を売却し換金化する方法が考えられます。不動産鑑定評価による適正時価で同族会社に売却することにより、第三者へ売却することなく、将来発生する相続の納税資金を確保することが可能となります。

また、底地の相続税評価額＞売却価額による資産の組換えにより、相続財産が圧縮され相続税の減少というメリットも生じます。

あくまで不動産鑑定評価額(適正時価)が相続税評価額を下回る場合に限られますが、底地は通常の第三者との取引事例、収益力の低さなどから不動産鑑定評価額が相続税評価額を下回る可能性はかなり高いと考えられます。

留意点

① 相続財産の大部分が貸宅地の場合はまず物納選択を検討する。
- 物納要件を満たすための事前準備が必要
- 土地資産は目減りする

② 同族会社を利用した資産組換えにより納税資金の確保と相続財産の圧縮を図る。
- 土地資産の目減りを防げる

4 不動産オーナーにおけるサブリース活用の考察

サブリースとは、一般的に転貸を前提とした家賃保証契約のことをいいますが、近年、この家賃保証の条件について、業者とオーナー間でトラブルが増えており、サブリースは不動産オーナーを騙す手法としてイメージが定着しつつあります。

このような状況をふまえ、中立的な立場から、不動産オーナーにおけるサブリースのメリット・デメリットを考えてみたいと思います。

＜1＞　サブリース問題の実態

賃貸住宅におけるサブリース営業が広まったのは、1991年の生産緑地法が契機と言われています。

郊外の農地の宅地化が進み、地主さんが農業から不動産賃貸業に変わる過程で、サブリースは収益の安定に貢献しました。それから30年が経過し、当時建築されたアパートが耐用年数を迎えており、再びサブリースによる建替えの提案が盛んに行われています。

また、近年、アパート建築営業の環境を大きく変えることとなったのが、平成27年度の相続税の基礎控除引下げです。それまでアパート建築の営業といえば地主さんが対象で、少なくとも自宅以外に土地を持っていることが条件でしたが、都市部の戸建所有者にまで相続税の対象が広がり、アパート建築の営業対象も急拡大しました。このような、不動産賃貸業の経験がない家庭への営業においては、サブリースはなくてはならない提案ツールとなっています。

このサブリースによる建築営業の主な手法は、下記のとおりです。

まず、土地オーナーに対し「家賃保証システム」「30年一括借上げ」といった営業トークで空室の不安を抑えて、全部お任せの名のもとに、設計・施工・建物管理・入居募集までを一体で受注します。

以前は、金融機関の土地活用提案により住宅メーカーを紹介され、融資とセットで建築が実行されるケースも多くあったようです。

仮に契約期間が30年であっても、当初の家賃保証の期間は２～10年間となっており、その後は２年毎に見直しというのが一般的です。

提案段階で、実態からかけ離れた収支シミュレーションが提示されていても、賃料相場に合わせ保証賃料を引き下げられることとなります。

また、過去のサブリース契約に関する訴訟では、家賃保証の契約期間中であっても、借地借家法第32条を根拠として、借主からの賃料減額請求は可能という考え方が示されています。

このようなことから、サブリースには、短期的な空室増加や家賃滞納による収入減を防ぐ機能はあっても、将来に渡る賃料下落を防ぐ機能はないと理解しておく必要があります。

借地借家法32条１項(借賃増減請求権)

第32条　建物の借賃が、土地若しくは建物に対する租税その他の負担の増減により、土地若しくは建物の価格の上昇若しくは低下その他の経済事情の変動により、又は近傍同種の建物の借賃に比較して不相当となったときは、契約の条件にかかわらず、当事者は、将来に向かって建物の借賃の額の増減を請求することができる。ただし、一定の期間建物の借賃を増額しない旨の特約がある場合には、その定めに従う。

(２・３項　省　略)

サブリース賃料の引下げの可能性については、多くの業者の契約書に記載されていたはずですが、会社の信用を訴えるなどして詳細な説明を行わず、契約行為に不慣れなオーナーの甘さを突いた営業が行われていました。

一部の住宅メーカーは、建築費で高額な利益を得るために、サブリースで実態とかけ離れた高い保証賃料を提示し、賃料の逆ザヤを建築利益の一部で補てんするビジネスモデルであったと言われています。

【サブリース営業イメージ】

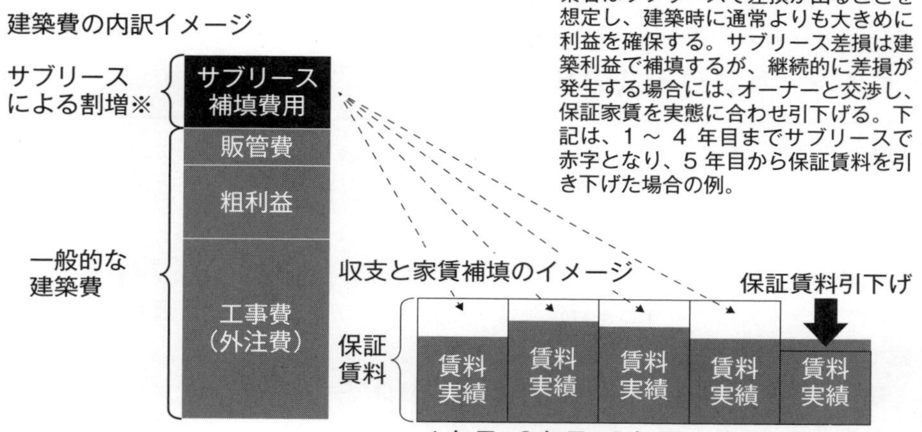

建築費の内訳イメージ
サブリースによる割増※
サブリース補填費用
販管費
粗利益
一般的な建築費
工事費（外注費）
業者はサブリースで差損が出ることを想定し、建築時に通常よりも大きめに利益を確保する。サブリース差損は建築利益で補填するが、継続的に差損が発生する場合には、オーナーと交渉し、保証家賃を実態に合わせ引下げる。下記は、1～4年目までサブリースで赤字となり、5年目から保証賃料を引き下げた場合の例。
収支と家賃補填のイメージ
保証賃料引下げ
保証賃料
賃料実績
賃料実績
賃料実績
賃料実績
賃料実績
1年目
2年目
3年目
4年目
5年目

※サブリースの安心感で施主の収支確認が甘くなり割高な建築費でも受注できる傾向がある

＜2＞　サブリースに関する法律

このようなサブリースによる建築営業手法は10年以上も前から国会でも議論にあがるなど、一部では問題視されていましたが、法律上の規制がないことから、長年続けられてきました。

近年は、社会問題化してきたこともあり、ようやく令和２年６月12日に「賃貸住宅の管理業務等の適正化に関する法律」が可決成立しました。

法律の中味は、①サブリース業者と所有者との間の賃貸借契約の適正化に係る措置、②賃貸住宅管理業に係る登録制度の創設、の二本柱となっています。

そのうち「サブリース業者と所有者との間の賃貸借契約の適正化に係る措置」については、下記の３つの項目で規制が行われ、事業者は法律に則った営業活動を行う必要が生じました。

1．誇大広告の禁止

2．不当な勧誘行為の禁止

3．特定賃貸借契約締結前の重要事項説明

主な内容は、トラブルを未然に防止するため、全てのサブリース業者の勧誘時や契約締結時に一定の規制を導入すること、サブリース業者と組んでサブリースによる賃貸住宅経営の勧誘を行う金融機関なども規制の対象とすること、違反者に対しては、業務停止命令や罰金等の措置を行うこととなっています。

＜3＞　サブリースのメリット

ここまでは、住宅メーカーによるサブリース営業の実態と法規制についてお伝えしてきましたが、サブリース契約自体が悪いわけではなく、有効に活用されている例も多くあります。

まず、サブリースの一つ目のメリットは、オーナーの負担の軽減です。

サブリース契約というと家賃保証ばかりを意識しがちですが、本質的には転貸契約であることを認識しておく必要があります。

建物を一括で転貸した場合、入居者との賃貸借契約上の貸主はサブリース会社となりますから、オーナーは貸主として契約書に署名捺印を行う必要がありません。賃料滞納への対応など、細かい意思決定を行う必要がなくなりますから、所有物件数が多い地主さんにとっては有効です。また、優良企業オーナーが個人や資産管理会社で収益物件を所有する場合にも、同様の目的で積極的にサブリースが利用されています。

そして、もう一つのメリットは、相続税対策上の効果です。

相続税対策で賃貸経営を行った場合、土地を貸家建付地評価できることがメリットの一つとなります。

しかし、貸家建付地の計算における賃貸割合は、原則として、相続開始時において実際に賃貸されている部分の床面積に基づいて算定され、空室率に応じて、貸家建付地評価を使える割合が減少します。

空室でも継続して賃貸募集を行っている場合には、下記の条件のもとに貸家建付地と認められるケースがありますが、短期間で入居者が決まらない状況であれば注意が必要です。

一方、建物全体をサブリースしている場合には、この点で心配がありません。

例

貸家建付地等の評価における一時的な空室の範囲

【回答要旨】

…（省略）…

…アパート等の一部に空室がある場合の一時的な空室部分が、「継続的に賃貸されてきたもので、課税時期において、一時的に賃貸されていなかったと認められる」部分に該当するかどうかは、その部分が、１各独立部分が課税時期前に継続的に賃貸されてきたものかどうか、２賃借人の退去後速やかに新たな賃借人の募集が行われたかどうか、３空室の期間、他の用途に供されていないかどうか、４空室の期間が課税時期の前後の例えば１ケ月程度であるなど一時的な期間であったかどうか、５課税時期後の賃貸が一時的なものではないかどうかなどの事実関係から総合的に判断します。

（出典：国税庁 HP 質疑応答事例 https://www.nta.go.jp/law/shitsugi/hyoka/04/12.htm）

＜4＞　サブリース業者の種類

ここまで、住宅メーカー系のサブリースについてお伝えしましたが、実は、メーカー系以外にも、サブリース事業を行う業者があります。それぞれの特徴を確認しておきましょう。

(1) 大手賃貸管理会社

大手の賃貸管理会社がオーナーから建物を一括で借上げ、一般入居者に転貸を行うものです。

建物管理業務や集金管理業務を主業とする管理会社が、オーナーに対するサービスメニューの一つとして提供しており、オーナーは、空室が増えてきた既存物件の収益を安定させる目的で利用できます。

住宅メーカーのサブリースと異なり、新築時以外でも検討可能です。

ただし、事業者は、純粋な転貸差益を目的としているため、立地がよく比較的築年数が新しいマンション物件を対象とし、木造アパートは原則対象外です。

(2) 地場不動産業者

地場で賃貸管理業務を行っている不動産業者が、長年の顧客である地主さんの負担を減らすために、サブリース事業を行っている場合があります。

老朽物件の立ち退き交渉や、家賃滞納時の退去手続きなどを、不動産業者が貸主として行うことができます。

地元の大口顧客の地主さんを囲い込むためのサービスとして提供されているため、転貸による差益はさほど大きくないことが想像されます。

(3) サブリース専門業者

近年、少しずつ増えているのが、サブリース事業を専門に行う業者です。

建物管理業務は行わず、空室を借上げて、転貸で収益を上げるビジネスモデルです。

建物全体ではなく、一室単位でのサブリースを行っている業者もあります。

サブリース事業者は、得意な物件やエリアにそれぞれ特徴があるため、オーナーは必ず複数の業者に相談し、条件を比較することが重要です。

＜5＞　正しい土地活用の方法

最後に、これから土地活用を考えている方が行うべき、サブリースの活用も含めた堅実な計画の立て方についてお伝えします。

(1) 建築プランの確認

まず、活用を検討する土地に、どれだけの規模の建物を建てられるのかを調査しましょう。

住宅メーカーが無料で提案してくれる場合には、どのような間取りの部屋が何部屋取れるのかプランを確認します。ただし、各社とも企画商品があり、不整形地や狭小地の場合には土地の最有効利用が出来ていない可能性があるため、複数の会社の提案を比較することが重要です。

この段階で、建築費は概算を把握しておけば問題ありません。

(2) 収支シミュレーション

建物の規模、部屋数と間取りが把握出来たら、その計画をもとに、地元の賃貸管理会社にヒアリングを行います。この間取りで賃料はどのくらい見込めるか、空室リスクはどの程度見込んでおけばよいか、追加した方がよい仕様はないかなど、日ごろから入居者を案内している仲介業者の話を聞くことで、建築する前に需要を確認することができます。

管理会社は、優良物件の管理業務を任せてもらいたいと考えているため、出し惜しみなくアドバイスをもらえるはずです。

住宅メーカーからも収支計画が出されますが、このように自身でヒアリングした賃料と空室率を見込んでシミュレーションを行うことが重要です。

空室率の上昇、金利の上昇、修繕費の増加などで、キャッシュフローが危ういと感じたら、土地活用の計画を中止し、駐車場など低リスクな運用にとどめるか、売却して他の資産に組み替えることが賢明です。

(3)設計・施工

大手住宅メーカーに建築を依頼する場合、価格が不透明であることが最大の課題です。

独自の仕様などにより、他社との比較がしづらい仕組みとなっているため、極力、オーナー側で間取りや仕様の意向を固めたうえで、見積りの提示を受け、比較することが重要です。

なお、建築費が２～３億円を超える計画の場合には、住宅メーカーへの設計施工一体の発注ではなく、建築事務所に設計を依頼することも一案です。

この場合は、建築事務所が作成した建築プランに対し、建設会社が見積りを出す形となりますので、建築費の比較が容易となり、設計料を支払っても結果的に割安に施工できることが多くなります。

(4)管理業務の依頼

上記のようなプロセスで賃貸物件の建築を行うことで、オーナーは自ら管理貸家を比較し、選定することができます。

貸しやすい間取り、競争力のある設備があるなど、管理会社が自社の看板物件として管理を受託したいと考えれば、高い保証率でのサブリースが提案される可能性もあります。

過去の新築物件の例では、大手管理会社が満室想定の93％でサブリースを行った例がありました。

留意点

以上のように、サブリースは使い方によって大変メリットのある制度ですが、イメージの悪さも影響し、まだまだ有効に利用されていないのが実態だと思います。

法改正により業界が健全化され、有効にサブリース契約が活用されることを期待しています。

また、オーナー側においても、人口減少時代では不動産賃貸＝不労所得といった考え方をあらため、自ら調べて経営判断を行う姿勢が必要と考えています。

5 法人成り

<1> 概要

法人成りとは、「個人事業者」として行っている事業を、「法人(株式会社や合同会社など)」を設立して、その法人において事業を引き継いで行っていくことをいいます。個人事業で使用していた財産を会社に移す作業等が必要になりますので、どのような財産をどのような方法で引き継ぐのか、また法人成りのメリット、デメリットなども慎重に検討しながら、作業を進めていくことが必要になります。

<2> 個人と法人の税率比較

(1)税率の違い

① 個人の税率(超過累進税率)

所得税の速算表			
課税所得金額	税率	控除額	復興特別所得税を加えた税率
195万円以下	5％	0円	5.105％
195万円を超え　330万円以下	10％	97,500円	10.210％
330万円を超え　695万円以下	20％	427,500円	20.420％
695万円を超え　900万円以下	23％	636,000円	23.483％
900万円を超え1,800万円以下	33％	1,536,000円	33.693％
1,800万円を超え4,000万円以下	40％	2,796,000円	40.840％
4,000万円超	45％	4,796,000円	45.945％

② 法人の税率(比例税率)

<table>
<tr><th colspan="4">区分</th><th>税率</th></tr>
<tr><td rowspan="4">普通法人</td><td rowspan="3">資本金１億円以下の法人</td><td rowspan="2">年800万円以下の部分</td><td>下記以外の法人</td><td>15%</td></tr>
<tr><td>適用除外事業者</td><td>19%※</td></tr>
<tr><td colspan="2">年800万円超の部分</td><td>23.20%</td></tr>
<tr><td colspan="3">上記以外の法人</td><td>23.20%</td></tr>
</table>

※ 平成31年４月１日以後に開始する事業年度において適用除外事業者(その事業年度開始の日前３年以内に終了した各事業年度の所得金額の年平均額が15億円を超える法人等)の年800万円以下の部分については、19%。

＜３＞ メリット・デメリット

(1)メリット

① 税率差

上記＜２＞の通り、個人事業主に対しては超過累進税率により所得税が課せられるのに対し、法人に対しては比例税率により法人税が課せられます。個人は儲けに応じた税率(５～45%)が掛かるのに対し、法人税の税率は常に一定であるため、ある水準の所得を超えた場合、法人の方が有利といえます。

② 社会的な信用度

一般的に個人より法人の方が社会的信用度は高いため、資金調達・融資・人材確保・取引先獲得の場面で法人の方が有利といえます。

③ 有限責任

事業に対して、個人は無限責任ですが、法人は有限責任で出資の範囲で責任を負うことになります。ただし、経営者が融資などの契約で保証人になっている場合は、返済などの責任を負わなければなりません。

④ 役員報酬(給与所得控除)

個人事業主は自分に給与を払うことはできず、売上から経費を差し引いたものに課税されます。一方、法人は会社から役員報酬として給与を払うことができるので、一定の条件を満たせば損金計上し会社の所得を減少させることができます。

また、法人が支払う給与所得には給与所得控除があります。役員報酬として社長が受け取る給与からも給与所得控除を差し引き、個人所得を減少させることができます。

<table>
<tr><td>個人</td><td colspan="3">所得</td><td>必要経費</td></tr>
<tr><td>法人</td><td>所得</td><td colspan="2">役員報酬</td><td>必要経費</td></tr>
<tr><td>社長</td><td></td><td>給与所得</td><td>給与所得控除</td><td></td></tr>
</table>

⑤　事業承継

個人事業の事業承継は先代の廃業手続きと後継者の開業手続きを行います。個人で受けている許認可は、後継者が再度準備する必要がありますし、相続時に行われると口座が凍結されることで事業に影響が出る場合があります。

法人の事業承継は発行株式の異動であり、法人と個人は別人格の為、許認可の継続、先代オーナーの相続時も口座凍結などもなく事業承継がしやすくなります。

⑥　消費税の免税

新設法人は、資本金が1,000万円未満であれば、基準期間がないため設立１期目と２期目は、原則免税事業者になります(特定期間の課税売上高が1,000万円を超えた場合や特定新規設立法人を除く。)。

⑦　欠損金の繰越控除

青色申告の個人の場合、欠損金の繰越しは最長で３年間ですが、法人の場合は最長10年間繰り越すことができます。

⑧　その他

イ　社会保険・労働保険の適用による福利厚生

従業員にとっては会社による社会保険料の一部負担、万が一の病気や怪我・出産・育児により働けなくなった場合に手当を受け取れる等のメリットがあり、会社としても安心して働ける職場としてアピールすることができます。

ロ　役員退職金の損金算入

法人成りすることにより、経営者は自分自身(及び家族従業員)に課税上優遇されている役員退職金を支給し損金算入することができます。

ハ　出張旅費規程による出張手当の損金算入

適正な出張旅費規程に基づいて支給した出張旅費、宿泊費、日当は、損金算入及び課税仕入れとなり、法人税・消費税を軽減することができます。出張手当を受け取る側も所得税法上非課税所得であり、さらに社会保険料の算定対象外になります。

ニ　決算期の選択

個人事業の決算月は12月と決められていますが、法人の事業年度は繁忙期や資金繰り、取引先との関係を考慮し自由に決めることができます。

(2)デメリット

①　コスト及び事務負担増

法人設立には定款認証や設立登記費用など、個人事業の開業に比べて費用負担が多くかかります。設立後は、税務申告も個人に比べ格段に複雑になり、会社組織としての事務負担は様々な場面で増えます。

②　住民税均等割

法人の場合、赤字の事業年度でも法人住民税の均等割がかかります(東京23区の場合、資本金1,000万円以下で70,000円)。

③　社会保険加入

法人の場合、従業員を雇用しない一人会社でも社会保険の加入が必須です。

また、従業員の社会保険料の一部は会社が負担し手続きもすることになるので、社会保険加入によるコスト及び事務負担増があります。

＜4＞　手　続　き

(1)法人成りの必要手続き

個人事業から法人化、いわゆる「法人成り」をする場合は、一定の手続きを行う必要があります。

①　法人の設立

事業の受け皿となる法人(株式会社や合同会社など複数の形態あり)を設立しま

す。定款認証、資本金の払込、登記申請等の一般的な会社設立を行います。

② 事業の移行

法人設立後には、事業内容・資産負債・人材などを個人から法人へ移行（引継ぎ）する必要があります（(2)以下参照）。

③ 法人の設立後手続き

イ　税務署や都道府県へは各種届出書（設立届出書、青色申告の承認申請書、給与支払事務所等の開設届出書など）を提出

ロ　労働基準監督署へは労災保険手続き

ハ　ハローワークへは雇用保険手続き

ニ　年金事務所へは社会保険関係手続き（新規適用届や被保険者資格取得届など）

④ 個人事業の廃業等手続き

税務署や都道府県へ各種届出書（個人事業の廃業届出書、青色申告の取りやめ届出書、給与支払事務所廃止届出書など）を提出します。

法人成りした年分の予定納税の義務のある者が、個人事業を廃業した場合は、予定納税額の減額を求める「所得税及び復興特別所得税の予定納税額の減額申請書」を提出します。

また、青色申告の承認申請を受けていた個人が、その事業を廃業した場合でも、青色申請の効力はその年の年末まであります。したがって、法人成りした後、その年中に新設法人に事業用資産を賃貸した場合など、不動産所得が生じる場合でも不動産所得について改めて青色申告承認申請を行う必要はありません。

(2)財産の引継ぎ方法

法人成りをする場合、個人事業での商品在庫や、減価償却資産を法人へ引き継ぐことがあります。その場合は、個人から法人へ現物出資や贈与、譲渡、賃貸する方法があります。

現物出資は費用と時間が多くかかり、また、資本金の額を自由に設定しにくいため、一般的には会社を金銭出資して設立し、事業用資産を個人から会社へ譲渡、賃貸するケースが考えられます。

(3)引継ぎ価額

① 譲渡の場合

売買契約書を整備し、実際に引継ぎ価額の受け渡しを行います。

イ　棚卸資産

原則は時価(販売価格)で引継ぎ。

・個人事業主は事業所得の売上に計上。通常の販売価額の70%相当額以上であれば課税上問題はなし。

・法人は商品の仕入れとして処理。通常の販売価額の70%未満で仕入れた場合、差額は受贈益の計上が必要。

ロ　固定資産(車両・器具備品等)

原則は時価(市場相場等)で引継ぎ。市場相場の把握が困難な場合は簿価(未償却残高)による算定も可能。

・個人事業主は譲渡所得(総合課税)として計算。50万円の特別控除あり。
簿価で譲渡であれば譲渡益は０円のため譲渡益課税なし。
時価の２分の１以下の低額譲渡の場合は時価での譲渡とみなす。
時価より高い譲渡の場合は時価との差額が役員賞与(給与所得)とされる。

・法人は固定資産の取得(中古)として処理。
時価の２分の１以下の低額譲渡の場合は時価との差額を受贈益として計上が必要。
時価より高い譲渡の場合は時価との差額が役員賞与(損金不算入、源泉徴収義務あり)とされる。

ハ　固定資産(土地、借地権、建物)

原則は時価(市場相場等)で引継ぎ。市場相場の把握が困難な場合、土地については公示価格、路線価(時価の８割を目安)、固定資産税評価額(時価の７割を目安)、不動産鑑定士の鑑定評価などで判定。建物については簿価(未償却残高)による算定も可能。

・個人事業主は譲渡所得(申告分離課税)として計算。
建物につき簿価で譲渡であれば譲渡益は０円のため譲渡益課税なし。
時価の２分の１以下の低額譲渡の場合は時価での譲渡とみなす。
時価より高い譲渡の場合は時価との差額が役員賞与(給与所得)とされる。

・法人は固定資産の取得(建物は中古)として処理。
時価の２分の１以下の低額譲渡の場合は時価との差額を受贈益として計上が

必要。

時価より高い譲渡の場合は時価との差額が役員賞与(損金不算入、源泉徴収義務あり)とされる。

※　個人名義の建物を法人へ譲渡して、土地は賃貸(個人名義のまま)の場合は、「土地の無償返還の届出書」の提出がないと「権利金」や「相当の地代」の問題があります。

※　上記は賃貸不動産の法人化等と合わせて<6>(2)参照

ニ　債権債務

簿価のまま引継ぎ。

・個人事業主は、簿価で引継ぎ。少額なら引き継がず個人で入金・支払する方が簡単。

金融機関からの借入金は事前に相談をして承諾が必要。

・法人は簿価で受け入れる。金融機関からの借入金を引き継いだ場合、利息返済分は法人経費となる。

②　賃貸の場合

名義は個人のまま賃貸借契約書の締結後賃貸料の受渡しを行います。譲渡に比べ、法人にまとまった資金の必要がありません。賃料相場で取引する必要があります。

・個人事業主は、賃料収入が発生し、個人事業を廃業した場合でも不動産所得の確定申告が必要になります。

建物の賃料相場より高い賃料を受けた場合は、相場との差額は役員賞与(給与所得)とされます。

・法人は支払った地代家賃は法人経費となります。

建物の賃料相場より高い賃料を支払った場合は、相場との差額は役員賞与(損金不算入、源泉徴収義務あり)とされる。

③　現物出資の場合

金銭出資以外に現物(経済的な価値のある有形・無形の財産)出資することもできます。

現物出資をするには、裁判所に検査役の選任を申し立て、検査役に出資財産の価額が適性か否かの調査をしてもらいます。

次の一定の場合には検査役の調査は不要です。

・出資財産価額の総額が500万円を超えない場合
・市場価格のある有価証券について出資財産価額が当該有価証券の市場価格として算定されるものを超えない場合
・検査役に替えて、現物出資財産等について出資財産価額が相当であることについて弁護士(弁護士法人)、公認会計士、監査法人、税理士(税理士法人)の証明を受けた場合

④　贈与の場合

・個人は時価との差額はみなし譲渡所得課税あり
・法人は時価との差額は受贈益の計上が必要

＜5＞　法人成りと消費税の関係

消費税では、その課税期間に係る基準期間における課税売上高が1,000万円以下の事業者は、納税の義務が免除されます。

法人成りした場合、個人事業主及び新設法人が消費税の課税事業者かどうかで税負担に大きな差異が生じます。

(1)個人事業主

法人成りをした個人事業者が、消費税の課税事業者の場合、法人へ引き継いだ(譲渡した)棚卸資産、事業用固定資産などはもちろん課税対象取引となり、消費税が課税されます。

(2)法　　人

法人成りにより新設された法人は、基準期間がないため、設立１期目と２期目は原則免税事業者になります。

しかし、基準期間のない事業年度であってもその事業年度の開始の日における資本金の額等が、1,000万円以上である場合や特定新規設立法人(※)に該当する場合は、納税義務は免除されません。

※　特定新規設立法人とは

次の①②いずれにも該当する法人

①　その基準期間がない事業年度開始の日において、他の者により新規設立法人の株式等の50％超を直接又は間接に保有される場合など一定の場合(特定要件)に該当す

ること。

② ①の判定の基礎となった他の者及び当該他の者と特殊な関係にある法人のうちいずれかの者(判定対象者)の新規設立法人の基準期間相当期間の課税売上高が5億円を超えていること。

また、特定期間(その事業年度の前事業年度開始の日以後6ヶ月の期間)における課税売上高(又は給与等支払額の合計額)が1,000万円を超えた場合、その課税期間から課税事業者となります。

(3)法人成りの消費税のメリット

個人が課税事業者だった場合、法人成りすることで、新設法人の免税事業年度は消費税が免除されるので、税負担が減少するメリットがあります。

個人が課税事業者だった場合、新設法人は通常設立1期目と2期目が免税事業者で、3期目からは課税事業者となり消費税負担が生じるケースが考えられます。

そのため法人成りに当たり、引継ぎ資産の譲渡のタイミングが重要になります。

① 引継ぎ資産を譲渡する予定だが、とりあえず賃貸借の形でスタートした場合

資産を法人に譲渡するのは法人成りした3期目以降とすると、個人は消費税免税事業者となり、引継ぎ資産の譲渡に係る課税売上が免税になります。一方、法人は消費税課税事業者となり、原則課税であれば引継ぎ資産の譲渡に係る消費税分だけ有利になります。

② 法人成り1期目から資産を譲渡する必要がある場合

新設法人は免税事業年度だとしても、引継ぎ資産の譲渡に係る課税仕入れが高額な場合、課税事業者(原則課税)を選択することも検討できます。

＜6＞ 同族会社の活用

(1)新規法人設立

① シミュレーションしましょう

まず、法人税率と所得税率の差を活用した税効果を試算してみます。

個人所有の賃貸収入建物を管理したらどうなるか、建物を購入したらどうなるか

です。

購入するとしたら購入価格はいくらが妥当なのか。その購入資金はどう手当てするのか？その物件の借入金の残高はあるのか？借入残高がある場合は建物購入金額とのバランスはどうなのか。発生する費用はどれくらいかかるのかなどです。

② どんな費用が発生するでしょうか？

法人設立した場合、次にあげる費用が掛かります。

イ　設立登記費用

株式会社か合同会社を設立します(③参照)。

ロ　社会保険料

設立後社会保険に加入が必要です。

代表者に報酬を支払う場合は必ず社会保険に加入することになります。代表者は当然常勤社員だからです。69歳まで厚生年金の支払い、74歳まで健康保険料の負担があります。国民健康保険料が高額の場合は社会保険料の方が現在の仕組み上低く抑えられるケースもあります。

ハ　税理士報酬

毎年決算期に法人税の申告が必要となります。専門知識が必要ですので通常税理士に依頼することになり、その費用が掛かります。

③ 出資金は？

同族法人を設立する場合、株式会社のほか合同会社を設立するケースがあります。会社組織としては異なり、株式会社は出資が株式で代表者は代表取締役となるのに対し、合同会社の出資は出資金とされ代表者は代表社員となります。設立登記にかかる費用が低く抑えられます。法人税の申告については差がありません。対外的に事業展開をお考えでなければ合同会社で十分ですが、対外的事業を行う場合や株式会社、代表取締役の名称にこだわりがある場合は株式会社を設立します。出資者はご本人ではなく配偶者又は子とし、資産を保有するご本人の株式の保有はないようにします。

不動産業の場合は通常利益体質となりますので、株の評価額が相続財産とならないようにするためです。

出資者でなくても代表者に就任することは可能です。

(2)法人の活用

①　個人所有の賃貸物件の管理

個人の賃貸物件の購入価額に比して借入金の残額が多額の場合など、すぐに購入できないときは、まずは管理契約を結び管理を受任します。

②　個人所有の賃貸物件を購入

個人の物件を買い取るとき、土地は高額になり事業性を考慮すると割に合いません。建物のみ購入します。通常の第三者間での取引では建物には借地権が付随しています。借地権も高額になりますので建物のみ購入します。そこで借地権を発生させないために、法人と土地所有者間で無償返還条項のある賃貸借契約を結ぶこととします。そして適正な地代を設定し、遅滞なく土地の無償返還に関する届を所轄税務署へ法人と所有者が連名で提出することにより、借地権の認定課税を回避できます。そうすると相続時の土地の評価は80%評価となります。賃貸割合は関係なくなります。その代わり、土地の所有者が会社の株式を保有しているときは、株の評価の純資産価額に借地権価額としてその土地の更地価額の20%を加算して評価することになります。以上のような理由からも土地の保有者は株式を持たない方がよいのです。

通常は帳簿価額で買い取ります。ただし、減価償却が終了しているような場合は価額を算定する必要が出てきます。

個人の借入が残っている場合は、法人で融資を受け、個人に支払う購入費で個人の借入金を完済することになります。

また、相続発生後に個人の物件(この場合は土地も含めることも可能)を購入する資金の融資を受け、相続人の相続税の納税に充てることもできます。

建物を買い取るときに係る費用として①売買原因の登録免許税、②不動産取得税(免税点あり)、③登記手数料、④法人が借入する場合は抵当権設定費用等があります。

③個人所有の貸宅地の買取り

相続税の実効税率が高いケースでは、貸宅地(＝底地)に対する相続税を考慮すると、底地は地代や更新料ではその相続税分を回収できず、かなりマイナスの財産となってしまいます。法人が買い取ることで相続財産から除外することができます。

＜底地の同族会社による買取りスキーム図＞

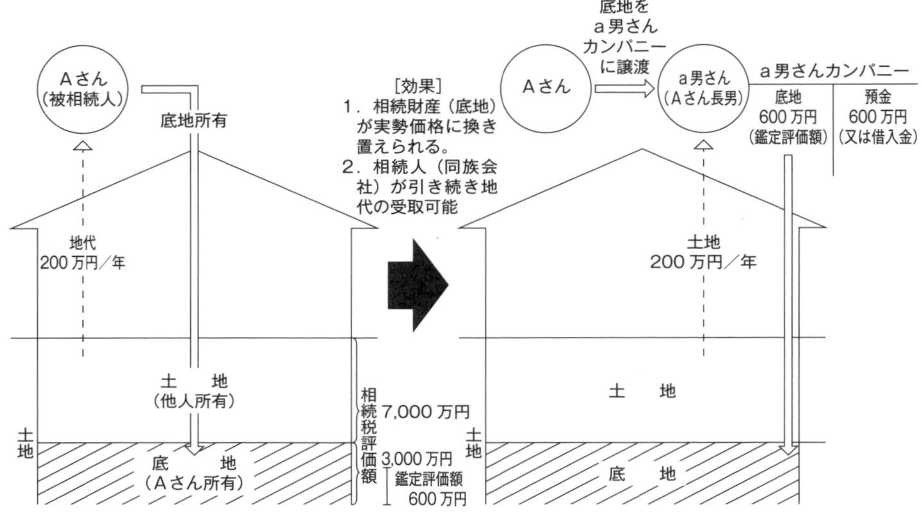

④　生命保険を活用

法人で役員の収入保障、福利厚生など生命保険料が経費となる場合があります。ある程度経費にしながら退職金原資を積み立てていくことも可能です。子が役員となり報酬を支払うようにすることで、利用の範囲は広がります。前述した土地の保有者は株式を保有しない方が好ましいですが、役員になることは問題ありません。

もし、在職中に死亡した場合は、規定を作成しておくことにより、死亡退職金、弔慰金を支払うことができます。非課税枠も利用できますし、納税資金としても活用できます。

<法人化シミュレーションの例>

X01年
①現状のまま
(○○アパート、共同住宅①、②、③)

個人(○○様)	
不動産収入	32,368,524
経費　減価償却費	7,837,218
租税公課	3,889,300
借入金利子	993,060
その他経費	1,491,120
事業専従者給与	2,400,000
経費合計	16,610,698
青色控除	100,000
不動産所得	15,657,826
雑所得(年金等)	1,475,675
個人所得	17,133,501
所得控除	1,310,100
課税所得(国税)	15,823,000
〃　(住民税)	15,947,000
納税額	
所得税	3,685,590
復興特別税	77,397
住民税	1,594,700
合　計	5,357,687

納税額合計	
○○様納税額	5,357,687
合　計	5,357,687

X02年：建物を法人へ売却
②法人設立、個人で青色申告特別控除(65万円控除)を利用
(○○アパート、地代(法人からの))

法人成後個人(○○様)	
不動産収入	14,303,718
経費	
租税公課	1,762,810
減価償却費	3,089,501
借入金利子	993,060
その他経費(顧問料他)	220,000
事業専従者給与	2,400,000
経費合計	8,465,371
青色控除	650,000
不動産所得	5,188,347
雑所得(年金等)	1,475,675
個人所得	6,664,022
所得控除	1,310,100
課税所得(国税)	5,353,000
〃　(住民税)	5,477,000
納税額	
所得税	643,100
復興特別税	13,505
住民税	547,700
合　計	1,204,305

法人からの給与(○○様)	
給与収入	540,000
給与所得	0
個人所得	0

給与収入は0円

法人からの給与(△△様)	
給与収入	6,000,000
給与所得	4,360,000
個人所得	4,360,000
所得控除	480,000
課税所得(国税)	3,880,000
〃　(住民税)	4,030,000
納税額	
所得税	348,500
復興特別税	7,319
住民税	403,000
合　計	758,819

(共同住宅①、共同住宅②、共同住宅③)

法人	
家賃収入	18,821,860
収入合計	18,821,860
経費	
役員報酬(○○様他1名)	6,540,000
減価償却費	2,942,395
固定資産税、地代	2,781,977
修繕費	1,263,426
借入金利子	502,584
その他経費(顧問料他)	390,000
経費合計	14,420,382
法人所得	4,401,478

法人税	947,700

納税額合計	
○○様納税額	1,204,305
法人役員△△様納税額	758,819
法人税	947,700
合　計	2,910,824

支出差額	
税金	−2,446,863
合　計	−2,446,863

○○家としての納税差額

注　1　個人の不動産収入には売却建物敷地の地代収入を加算しています。
　　2　法人の減価償却費は中古資産取得で再計算しています。

＊　法人設立に約30万円掛ります。
＊　法人税実効税率　400万円以下21.37%　400万円超23.17%
＊　法人顧問料330,000円、個人顧問料220,000円で設定いたしました。
＊　国民健康保険料等の社会保険料については考慮しておりません。
＊　譲渡の翌々年のみ○○様個人が消費税の課税業者となります。
＊　家族役員△△様への役員報酬は600万円／年として計算しております。

6 財産債務調書制度

＜1＞　概要

財産債務調書制度は、所得税及び復興特別所得税(以下「所得税等」といいます。)の確定申告書において、その年の総所得金額及び山林所得金額の合計額が2,000万円を超え、かつ、その年の12月31日において価額の合計額が３億円以上の財産又は価額の合計額が１億円以上である国外転出特例対象財産(有価証券等)を有する場合(相続開始年に相続又は遺贈により取得した財産については、合計額の判定から除くことができます。)に、財産の種類、数量及び価額並びに債務の金額などを記載した「財産債務調書」を、翌年の３月15日までに所得税の納税地の所轄税務署長に提出する制度です。

なお、財産債務調書の提出期限までの間に、財産債務調書を提出しないで死亡したときは、財産債務調書の提出を要しないこととされています。

また、年の中途で死亡した場合には、その死亡した年分の所得税等の確定申告書を提出する必要がある場合であっても、その死亡した年の12月31日分の財産債務調書を提出する必要はありません。

＜2＞　財産の価額等

(1)財産債務調書に記載する財産の価額

財産の「価額」は、その年の12月31日における「時価」又は時価に準ずるものとして「見積価額」を算定し記載しても良いことになっています。

(2)合理的に算定された財産の見積金額

土地	次のいずれかで算定 ①　その年の12月31日が属する年中に課された固定資産税の計算の基となる固定資産税評価額 ②　取得価額を基にその取得後における価額の変動を合理的な方法によって見積もって算出した価額 ③　その年の翌年１月１日から財産債務調書の提出期限までにその財産を譲渡した場合における譲渡価額

建物	次のいずれかで算定 ①　その年の12月31日が属する年中に課された固定資産税の計算の基となる固定資産税評価額 ②　取得価額を基にその取得後における価額の変動を合理的な方法によって見積もって算出した価額 ③　その年の翌年１月１日から財産債務調書の提出期限までにその財産を譲渡した場合における譲渡価額 ④　業務用以外のものである場合、その財産の取得価額から、その年の12月31日における経過年数に応ずる償却費の額(定額法による)を控除した金額
預貯金	その年の12月31日における預入高
有価証券(上場されているもの以外)	次のいずれかで算定 ①　その年の12月31日における売買実例価額 ②　①がない場合は、その年の翌年１月１日から財産債務調書の提出期限までにその有価証券を譲渡した場合における譲渡価額 ③　①及び②がない場合は、次の価額 イ　株式については、当該株式の発行法人のその年の12月31日又は同日前の同日に最も近い日において終了した事業年度における決算書等に基づき、その法人の純資産価額(帳簿価額によって計算した財産の種類見積価額の算定方法金額)に自己の持株割合を乗じて計算するなど合理的に算出した価額 ロ　新株予約権については、その目的たる株式がその年の12月31日における金融商品取引所等の公表する最終価格がないものである場合には、同日におけるその目的たる株式の見積価額から１株当たりの権利行使価額を控除した金額に権利行使により取得することができる株式数を乗じて計算した金額 (注)「同日におけるその目的たる株式の見積価額」については、①・②・③イの取扱いに準じて計算した金額とすることができます。 ④　①、②及び③がない場合は、取得価額
貸付金、未収入金	その年の12月31日の元本の額
書画骨董・工芸品、貴金属類	次のいずれかで算定 ①　その年の12月31日における売買実例価額 ②　①がない場合は、その年の翌年１月１日から財産債務調書の提出期限までにその財産を譲渡した場合における譲渡価額 ③　①及び②がない場合には、取得価額

上記以外の動産	家具、什器備品、自動車、船舶や航空機などの動産で、業務用以外の動産である場合は、取得価額から、その年の12月31日における経過年数に応ずる償却費の額(定額法による)を控除した金額

＜3＞　インセンティブ措置

財産債務調書には不提出等の罰則規定はありませんが、提出及び正確な内容の記載を確保するため、インセンティブ措置が設けられています。

(1)過少申告加算税の特例

所得税や相続税に申告漏れがあった場合、財産債務調書に記載がある部分については、過少申告加算税等を５％軽減されます。

一方、財産債務調書の不提出・記載不備による申告漏れ(死亡した方に係るものを除く)に係る部分については、過少申告加算税等を５％加重されます(相続財産債務については、相続財産債務を有する方の責めに帰すべき事由がなく提出等がない場合は加重措置の適用対象外)。

(2)加重措置における申告漏れとは

財産債務に係る次の所得に対する所得税等の申告漏れをいいます。

①　財産から生じる利子所得又は配当所得

②　財産の貸付け又は譲渡による所得

③　財産が株式を無償又は有利な価額で取得することができる権利等(ストックオプション等)である場合におけるその権利の行使による株式の取得に係る所得

④　財産が生命保険契約等に関する権利である場合におけるその生命保険契約等に基づき支払を受ける一時金又は年金に係る所得

⑤　財産が特許権、実用新案権、意匠権、商標権、著作権その他これらに類するものである場合におけるそれらの使用料に係る所得

⑥　債務の免除による所得

⑦　上記①～⑥までの所得のほか、財産債務に基因して生ずるこれらに類する所得

(3)期限後提出時の取扱い

提出期限後に財産債務調書を提出した場合であっても、調査があったことにより更正決定を予知してされたものでないときは、その財産債務調書は提出期限内に提出されたものとみなして、過少申告加算税等の特例(５％軽減)を適用することとされています。

＜4＞　国外財産調書との関係

居住者で、その年の12月31日において、その価額の合計額が5,000万円を超える国外財産を有する方は、その国外財産の種類、数量及び価額その他必要な事項を記載した国外財産調書を、その年の翌年の３月15日までに所轄税務署長に提出しなければなりません。

「国外財産調書」の提出が必要な方であっても、所得金額が2,000万円を超え、かつ、その年の12月31日において価額の合計額が３億円以上である財産又は価額の合計額が１億円以上である国外転出特例対象財産を有する方は、「財産債務調書」の提出も必要になります。

また、「国外財産調書」の不提出等に対しては、１年以下の懲役又は50万円以下の罰金に処されることがありますが、「財産債務調書」には不提出等の罰則規定はありません。

＜5＞　まとめ

財産債務調書については、納税者の資産状況などを正確に確認し、財産債務調書の提出義務の有無を判定することが重要です。提出義務者以外が財産債務調書を提出しても、過少申告加算税等の特例(５％軽減)の適用を受けることはできません。

正確な資産状況を確認し、提出義務のある年度には確実に提出ができるよう、納税者に財産債務調書制度の内容を理解してもらうことが必要です。

さらに、もう一歩踏み込むと、とかく個人の納税者に共有を求めても敬遠されがちな資産保有の状況や運用状況を把握し、事前のタックスマネジメントを容易にするためにも、この「財産債務調書」や「国外財産調書」の作成及び提出理由を利用しない手はありません。

単なる課税のペナルティ回避にとどまらず、有効かつ適切なタックスマネジメントの提供のためにも、これらの調書作成を納税者とのコミュニケーションツールとして活用することをおすすめします。

7 資産の評価・時価

＜1＞ 資産の時価の辿り方

第三者間取引では、両者の合意に基づく取引価格が合理的価格とされ、税務上の問題はありませんが、同族関係者間での取引は恣意性の介入の余地があるため、その売買価格については慎重さが求められます。不動産は、なかなか当事者のみで客観的な価格を算定することが困難なため、通常は不動産鑑定士による鑑定価格や、近傍不動産の取引に精通している不動産業者の意見を参考にして決定することになります。この価格から大きくずれる場合には、課税上の問題が発生することとなります。

ところが厄介なのが税法上、「時価とは何か」という明確な定義規定が置かれていないということです。

所得税法で、いわゆる時価と思われる規定は下記の条文に見られます。

所得税法59条第１項（贈与等の場合の譲渡所得等の特例）

次に掲げる事由により居住者の有する山林（事業所得の基因となるものを除く。）又は譲渡所得の基因となる資産の移転があつた場合には、その者の山林所得の金額、譲渡所得の金額又は雑所得の金額の計算については、その事由が生じた時に、その時における価額に相当する金額により、これらの資産の譲渡があつたものとみなす。

＊下線は筆者による。

また法人税法には、次のような条文があります。

法人税法50条第２項（交換により取得した資産の圧縮額の損金算入）

前項及び第５項の規定は、これらの規定の交換の時における取得資産の価額と譲渡資産の価額との差額がこれらの価額のうちいずれか多い価額の100分の20に相当する金額を超える場合には、適用しない。

＊下線は筆者による。

また、寄附金損金不算入規定にも見られます。

法人税法37条第７項（寄附金の損金不算入）

前各項に規定する寄附金の額は、寄附金、拠出金、見舞金その他いずれの名義をもつてするかを問わず、内国法人が金銭その他の資産又は経済的な利益の贈与又は無償の供与（広告宣伝及び見本品の費用その他これらに類する費用並びに交際費、接待費及び福利厚生費とされるべきものを除く。次項において同じ。）をした場合における当該金銭の額若しくは金銭以外の資産のその贈与の時における価額又は当該経済的な利益のその供与の時における価額によるものとする。

＊下線は筆者による。

「時価」そのものの文言は相続税法に現れます。

相続税法22条第１項（評価の原則）

この章で特別の定めのあるものを除くほか、相続、遺贈又は贈与により取得した財産の価額は、当該財産の取得の時における時価により、当該財産の価額から控除すべき債務の金額は、その時の現況による。

＊下線は筆者による。

このように、条文上は「その時の価額」「時価」となっているものの、では税法が言う時価とは何かとは規定されていないわけです。

したがって、常識的な範囲で納税者が時価と考えるものであれば良いと解釈されることになります。

ただ、時価の指針としては、例えば「企業会計基準第10号　金融商品に関する会計基準」に規定する時価があります。

２．時価

６．金融資産及び金融負債の「時価」の定義は、時価算定会計基準第５項に従い、算定日において市場参加者間で秩序ある取引が行われると想定した場合の、当該取引における資産の売却によって受け取る価格又は負債の移転のために支払う価格とする。

（出典：（公財）財務会計基準機構・企業会計基準委員会　企業会計基準第10号「金融商品に関する会計基準」）

このように一般社会では、取引価格や合理性を持った価格を時価ととらえて良いということになります。

(1)個人から個人の譲渡

個人間の売買であれば、時価より著しく低い価額で取引をした場合、時価と譲渡価額との差額を不動産の購入者に贈与したものとみなして、贈与税が課税されることになります。相続税法第7条のみなし贈与ということになります。

(2)個人から法人の譲渡

個人から法人への譲渡の場合には売却価格によって課税関係が変わります。

時価の2分の1未満で取引をした場合は時価で譲渡したものとみなして個人に対して譲渡所得課税が行われます(みなし譲渡、所法59①、所令169)。

2分の1以上の低額取引の場合には原則としてみなし譲渡課税はされないのですが、税務当局により同族会社の行為計算否認と認定される場合には、みなし譲渡所得課税が行われる可能性があります(所基通59-3)。

一方、低額譲渡により譲渡を受けた法人は、時価との差額について受贈益として課税されます。

(3)法人から個人への譲渡

法人から個人への譲渡の場合、低額譲渡であれば法人側は、相手の個人の立場地位により課税関係が変わります。

会社との関係	法人側の課税関係	個人側の課税関係
役員	役員賞与損金不算入	給与所得
従業員	賞与損金算入	給与所得
役員親族	寄付金もしくは当該役員に対する役員賞与	一時所得もしくは給与所得
第三者	寄付金	一時所得

① 合理性のある取引価格

問題となるのは、通常取引される価格、いわゆる時価はいくらなのかということと、著しく低い価額に該当するかですが、土地の時価については次のような考え方がありますので、この中から合理的な価格を選択することとなります。

・近隣の公示価格・基準価格を比準した評価額
・取引事例比較価格（時間的、場所的、物件的、用途的同一性で類似する取引事例）
・不動産鑑定評価（適正な評価方法）に基づく評価額
・路線価に基づく評価額を80％で除した価格

時価の評価の実務については、＜２＞で解説します。

②　通常の取引価格からのかい離率

100％時価で取引しなければならないかというと、そうでもありません。時価そのものがいくつかの算定方法によって異なってしまうという事情もあります。時価の80％で親族間での譲渡が行われた事例で、これが贈与税の対象にならないという東京地裁の判例があります（平成19年８月23日　東京地裁判決、税務訴訟資料257号順号10763）。

これは、夫が土地を購入し、数年後その一部を妻と子にそれぞれ時価の約80％で譲渡したのに対し、税務署は売買価格と時価の差額が贈与に当たると認定した事例です。

裁判では、相続税において宅地は時価の約80％の路線価で評価されることから、同水準の価格での土地売買は「著しく低い価格の譲渡」に当たらないと指摘し、贈与税の課税処分を取り消しました。ただし、個々の不動産取引の事情等により総合的になされるため、時価80％での譲渡でも「著しく低い価格の譲渡」に該当する可能性がありますので、単純に80％とすることはできませんが、参考になる事例でしょう。

＜2＞　時価評価の実務

税務上の時価評価の実務は、資産の種別(不動産・有価証券・ゴルフ会員権等)によって、また、その取引の背景・内容によっても異なることから、税務実務においては、専門家としても常に悩みの多いテーマであると言えます。

(1)相続・贈与

一般に「財産評価基本通達」によって処理されます。ただし、大規模宅地、開発用地等については、「鑑定評価」による評価額を採用することにより、より当該資産の実態に照らして適正な価額にて課税計算を行うメリットを享受することも可能ですが、税務調査現場においては、「鑑定評価額」を採用したことについて、合理的説明が求められるのが通常です。

(2)市場での売買

不動産、有価証券、絵画等々、それぞれの市場での売買(第三者取引)については、当該取引が租税回避スキームであると税務官庁が認定しない限り、その価格が税務調査等において問題になることはありません。一方、第三者取引でない、同族間取引、国際関連会社間取引、特別な事業関係者との取引にあっては、税務調査現場において、必ずと言って良いほど、その価格についての質問検査・交渉が行われることとなります。その論点については、下記(3)で述べたいと思います。

(3)同族会社等との間の売買

①　不動産の時価

イ　土　地

同族会社等との間の売買においては、所得税法・法人税法(所基通59-6、法基通4-1-5・9-1-13)共々「時価」と規定されていることから、実務上は、「財産評価通達」の路線価に基づく評価額を80%で除した価格とされます(P61＜1＞(3)①参照)

ロ　建　物

「財産評価通達」により評価した価額(＝固定資産課税評価額)で問題になることは多くはありませんが、高額な内装費支出や・庭園整備費用は問題になる可能性は大いにありますので、その工事費明細などを活用し、そこから減価償却費を控除するなど独自の検討をする必要があります。

②非上場有価証券の時価

基本原則的には、まずは、所基通23～35共－9、法基通4-1-5、9-1-13にて、①売買実例のあるものは売買実例価額、②売買実例のないものは類似する法人の株式の価額、③①②に該当しないものは純資産価額等を参酌して通常取引されると認められる価額といった順に適用していくこととし、③については、さらに法人税・所得税共々それぞれ条件付で、所基通59-6（「原則として」）、法基通9-1-14（「課税上弊害のない限り」）財産評価通達によることを認めています。

（株式等を贈与等した場合の「その時における価額」）

所基通59-6　株式等を贈与等した場合の「その時における価額」は、原則として、次によることを条件に、「財産評価基本通達」により算定した価額とする。

(1)　財産評価基本通達中「取得した株式」は「譲渡又は贈与した株式」、「株式の取得者」は「株式を譲渡又は贈与した個人」、「株式取得後」は「株式の譲渡又は贈与直前」とそれぞれ読み替え、その同族関係者の有する議決権の合計数が評価する会社の議決権総数の50％以下である場合に該当するかどうか等に該当するかどうかは、株式の譲渡又は贈与直前の議決権の数により判定すること。

(2)　当該株式当該株式を譲渡又は贈与した個人が当該譲渡又は贈与直前に当該株式の発行会社にとって「中心的な同族株主(同通達188の(2))」に該当するときは、当該発行会社は常に「小会社(同通達178)」に該当するものとする。

(3)　当該株式の発行会社が土地又上場有価証券を有しているときは、これらの資産については、当該譲渡又は贈与の時における価額によること。

(4)　「１株当たりの純資産価額(財産評価基本通達185)」の計算に当たっては、評価差額に対する法人税額等に相当する金額は控除しないこと。

＊下線は筆者による。

（市場有価証券等以外の株式の価額の特例）

法基通9-1-14　法人が、市場有価証券等以外の株式について資産の評価損の損金不算入等(法第33条第2項)の規定を適用する場合の当該株式の価額は「財産評価基本通達」によって算定した価額によっているときは、課税上弊害がない限り、次によることを条件としてこれを認める。

(1)　当該株式の価額につき財産評価基本通達179の例により算定する場合…当該法人が当該株式の発行会社にとって定める「中心的な同族株主(同通達188の(2))」に該当するときは、「小会社(同通達178-9」に該当するものとしてその例によること。

(2)　当該株式の発行会社が土地等又は金融商品取引所に上場されている有価証券を有しているときは、「１株当たりの純資産価額（相続税評価額によって計算した金額）財産評価基本通達185の本文」の計算は、これらの資産の当該事業年度終了の時における価額によること。

(3)　「１株当たりの純資産価額（相続税評価額によって計算した金額）（財産評価基本通達185の本文）」の計算は、評価差額に対する法人税額等に相当する金額は控除しないこと。

＊下線は筆者による。

(4) 美術品等の時価

美術品等については、平成26年12月19日付の法人税法基本通達の改正がなされており、平成27年１月１日以後取得する美術品等について新しい取扱いが適用されています。この改正のポイントを示したものとして、国税庁のFAQ「美術品等についての減価償却資産の判定に関するFAQ」があります。

【改正の概要】

［Q1］　今回の通達改正の内容はどのようなものですか。

［A］　改正前の通達の取扱いでは、①美術関係の年鑑等に登載されている作者の制作に係る作品であるか、②取得価額が１点20万円（絵画にあっては号当たり２万円）以上であるかにより、美術品等が減価償却資産に該当するかどうかを判定していました。

しかしながら、美術関係の年鑑等は複数存在しその掲載基準がそれぞれ異なるのではないか、また、20万円という金額基準は減価償却資産かどうかを区別する基準としては低すぎるのではないかといった指摘があったため、美術品等の取引価額の実態等についての専門家の意見等を踏まえ通達の改正を行いました。

改正後の通達では、取得価額が１点100万円未満である美術品等は原則として減価償却資産に該当し、取得価額が１点100万円以上の美術品等は原則として非減価償却資産に該当するものとして取り扱うこととしました。

なお、取得価額が１点100万円以上の美術品等であっても、「時の経過によりその価値が減少することが明らかなもの」に該当する場合は、減価償却資産として取り扱うことが可能です。

平成27年1月1日以後に取得する美術品等の取扱い

［Q2］ 取得価額が１点100万円以上である美術品等は原則、非減価償却資産ですが、「時の経過によりその価値が減少することが明らかなもの」は、その取得価額が100万円以上であっても減価償却資産と取り扱うこととされています。「時の経過によりその価値が減少することが明らかな」美術品等とは、具体的にはどのようなものが該当しますか。

［A］ 取得価額が１点100万円以上である美術品等であっても、「時の経過によりその価値が減少することが明らかなもの」として減価償却資産に該当するものとしては、例えば、次に掲げる事項の全てを満たす美術品等が挙げられます。

① 会館のロビーや葬祭場のホールのような不特定多数の者が利用する場所の装飾用や展示用（有料で公開するものを除く。）として取得されるものであること。

② 移設することが困難で当該用途にのみ使用されることが明らかなものであること。

③ 他の用途に転用すると仮定した場合に、その設置状況や使用状況から見て美術品等としての市場価値が見込まれないものであること。

なお、この例示に該当しない美術品等が「時の経過によりその価値が減少することが明らかなもの」に該当するかどうかの判定は、これらの事項を参考にするなどして、その美術品等の実態を踏まえて判断することになります。

（出典：国税庁ホームページ）

このFAQにより、①複数の年鑑等により算定すべきとされ、また②「不特定多数の者が利用する…等」の場合は、たとえ100万円以上の美術品であっても「減価償却資産」として取り扱うことを認めていることから、取得価格から減価償却累計額を控除した残額を時価として取り扱って良いものと考えられます。

(5)ゴルフ会員権の時価

ゴルフ会員権についても、評基通211にて次のとおり評価方法が規定されておりますので、それをもって実務上の時価として取り扱うのが通例です。

施設利用権を化体したに過ぎない株式として所有権がない会員権、譲渡不能な会員権、また、返還を受けることができる預託金等がないものについては、<１>（P60、相法22①）に則り、評価する必要がありません。

① 取引相場のあるもの

課税時期の取引価格の70％に相当する金額によって評価することとしています。取引価格に含まれない預託金等があるときは、預託金等の金額を加えた価額となります。なお、返還時期が課税時期から一定の期間を経過した後に返還を受けることができる預託金等については、複利現価（返還される預託金の金額×返還までの期間に応じた基準年利率による複利現価率）の額とします。

② 取引相場のない会員権

イ 株主でなければゴルフクラブの会員となれない会員権

財産評価基本通達の定めにより評価した課税時期における株式の価額

ロ 株主であり、かつ、預託金等を預託しなければ会員となれない会員権

上記イの金額と上記①にて算定する預託金等の金額の合計額

8 国外転出時課税制度

＜1＞ 国外転出時課税制度と留学との関係

平成27年７月１日以後適用がスタートした国外転出時課税制度においては、子供を留学させている、あるいは留学を検討している資産家の方々には特に注意が必要です。

国外転出時課税制度は、平成27年７月１日以後に国外転出をする一定の居住者が１億円以上の有価証券等の対象資産を所有等している場合には、その対象資産の含み益に所得税及び復興特別所得税が課税されることになる制度となっています。

この制度が導入された背景には、含み益がある株式等の有価証券が売却時に居住地国で課税される法制度を利用して、シンガポールや香港などのキャピタルゲイン非課税国へ出国し売却することで日本国におけるキャピタルゲイン課税を回避する行動を防止することにあります。

この制度により、日本に居住している資産家の子供が海外留学をするに当たり、相続対策等によって、子供がすでに１億円以上の有価証券等を保有している場合には、その対象資産の含み益に対して課税されることになります。

また、同制度は、１億円以上の対象資産を所有等している一定の居住者から、国外に居住する親族等(非居住者)へ贈与、相続又は遺贈によりその対象資産の一部又は全部の移転があった場合にも、贈与、相続又は遺贈の対象となった対象資産の含み益に所得税及び復興特別所得税が課税されることとなっています。

したがって、すでに海外へ留学している子供に対して、日本に居住する資産家の親から対象資産を贈与するようなケースにおいても、対象資産の含み益に課税されることになるほか、子供が留学中に資産家の親が亡くなり、日本国内で相続が発生するようなケースにおいても、相続財産に国外転出時課税制度の対象資産が含まれる場合には、対象資産の含み益に課税されることになります。

そのため、留学を検討している、あるいはすでに留学している資産家の子供がいる場合には、海外留学を契機として、不意打ち的に、国外転出時課税制度の適用がなされることがあることに十分な配慮が必要となります。

【留学に関する国外転出時課税制度の留意点】

	子供の資産状況	国外転出時課税
留学前	留学前に１億円以上の有価証券等の対象資産を保有	含み益に課税
留学中	留学中に１億円以上の有価証券等の贈与、相続又は遺贈により保有	含み益に課税

＜2＞　国外転出時課税制度の対象資産とその判定時期

国外転出時課税の対象資産には、有価証券、匿名組合契約の出資持分、未決済の信用取引・発行日取引及び未決済のデリバティブ取引が含まれます（所法60の２①～③）。

対象資産の価額の合計額が１億円以上となるかどうかについては、対象資産算定時期における対象資産の金額を基に判定することになります（所法60の２⑤）。

(1)納税管理人の届出をしないで国外転出の前に確定申告書の提出をするケース

国外転出の予定日から起算して３か月前の日の有価証券等の価額に相当する金額及び未決済信用取引等又は未決済デリバティブ取引を決済したものとみなして算出した利益の額又は損失の額に相当する金額の合計額で判定します。（所法60の２①二、②二、③二）

なお、国外転出の予定日から起算して３か月前の日から国外転出までに新たに有価証券等を取得又は未決済信用取引等若しくは未決済デリバティブ取引の契約の締結をした場合は、その有価証券等の取得時又はその未決済信用取引等若しくは未決済デリバティブ取引の契約締結時の価額で対象資産の価額を算定することになります。

(2)納税管理人の届出を行って国外転出後に確定申告書の提出をする場合

国外転出の時の有価証券等の価額に相当する金額及び未決済信用取引等又は未決済デリバティブ取引を決済したものとみなして算出した利益の額又は損失の額に相当する金額の合計額で判定します（所法60の２①一、②一、③一）。

上記を整理すると次の表になります。

スケジュール	納税管理人の届出をする場合	納税管理人の届出をしない場合
国外転出３か月前		※対象資産算定時期
	納税管理人の届出	準確定申告の提出
国外転出の日	※対象資産算定時期	
12月31日		
	確定申告書の提出	
３月31日	申告期限	

なお、資産家の子供の留学の場合には、将来の帰国時期が明確になっていることが通常であるため、納税猶予の特例を選択することが考えられます。その場合には、事前に納税管理人の届出を行い、納税管理人を定めておく必要があります。なお、国外転出時課税制度の納税猶予については、後述の＜４＞国外転出時課税の納税猶予の特例を参照ください。

＜3＞　対象資産の価額の算定方法

対象資産算定時期から起算して３か月前の日における対象資産の価額は、次に掲げる方法で金額を算定することになります。

(1)主な対象資産

種類			算定方法
株式等	金融商品取引所に上場されているもの		金融商品取引所の公表する最終価格
	上記以外のもの	売買実例のあるもの	最近において売買の行われたもののうち適正と認められる価額
		類似会社の株式の価額があるもの	類似会社の株式の価額に比準した価額
		上記以外のもの	その株式の発行法人の１株当たりの純資産価額等を参酌して通常取引されると認められる価額

公社債	利付公社債	金融商品取引所に上場されているもの		金融商品取引所の公表する最終価格＋(既経過利息の額－源泉所得税相当額)
		日本証券業協会において売買参考統計値が公表される銘柄として選定されたもの		売買参考統計値の平均値＋(既経過利息の額－源泉所得税相当額)
		上記以外のもの		発行価額＋(既経過利息の額－源泉所得税相当額)
	割引公社債	金融商品取引所に上場されているもの		金融商品取引所の公表する最終価格
		日本証券業協会において売買参考統計値が公表される銘柄として選定されたもの		売買参考統計値の平均値
		上記以外のもの		発行価額＋(券面額－発行価額)×(発行日から課税時期までの日数／発行日から償還期限までの日数)
	転換社債型新株予約券付社債	金融商品取引所に上場されているもの		金融商品取引所の公表する最終価格＋(既経過利息の額－源泉所得税相当額)
		店頭転換社債として登録されたもの		日本証券業協会の公表する最終価格＋(既経過利息の額－源泉所得税相当額)
		上記以外のもの	株式の価額が転換価格を超えないもの	発行価額＋(既経過利息の額－源泉所得税相当額)
			株式の価額が転換価格を超えるもの	株式の価額(※1)×(100円／100円当たりの転換社債の転換価格)
匿名組合契約の出資の持分	売買事例のあるもの			最近において売買の行われたもののうち適正と認められる価額
	上記以外のもの			匿名組合契約を終了した場合に分配を受けることができる清算金の額

※1　上記株式等欄参照

(出典：国税庁「国外転出時課税制度(FAQ)」)

＜4＞　国外転出時課税制度の納税猶予の特例

国外転出時課税には国外転出から５年間(延長申請により最長10年間)の納税猶予が可能となっています。

これから留学する、あるいは、既に留学している資産家の子供が、国外転出時課税制度の適用を受ける場合には、留学前に納税管理人の届出を事前に行ったのち、国外転出時の年の確定申告書には、納税猶予の特例の適用を受けようとする旨を記載するとともに、「対象資産の明細書」及び「納税猶予分の所得税及び復興特別所得税の額の計算書」を添付し、その確定申告書の提出期限までに、納税を猶予される所得税額及び利子税額に相当する担保を提供する必要があります(所法137の２①③)。

さらに、国外転出の翌年に係る確定申告の提出期限には、「継続適用届出書」を所轄税務署へ提出する必要があります(所法137の２⑥)。

なお、納税猶予を受けた子供が帰国した場合には、国外転出時課税の適用がなかったものとして課税の取り消しを行う必要があるため、更正の請求を行うことになります。ただし、帰国日から４か月以内に実施する必要があることに留意が必要です。

9 国外遺産の検認

＜1＞ 海外相続のトラブル

海外で保有する資産に関して相続が発生した場合には、日本では予想していなかった手続きが現地で必要とされることがあります。場合によってはその手続き等の完了までに数年を要するなど時間がかかることがあるほか、思いがけない多額の費用が発生するケースがあります。

また、海外に資産がある資産家が亡くなった場合には、親族である事実のみでは、亡くなった方の不動産名義の変更や、銀行口座を閉設するなどの手続の代行をすることは認められていないことが一般的です。そのため、結果的に海外の現地国にある銀行口座などが利用できないため、納税資金が準備できないなどということも発生する可能性もあります。

このようなトラブルを避けるためにも、海外資産を保有する資産家向けには、海外資産に関する相続の概要を押さえておく必要があります。

＜2＞ 海外特有の手続き

海外特有の相続手続きに、「プロベイト」(Probate)という裁判所が関与する相続手続制度があります。この「プロベイト」によると、被相続人の財産は、遺産財団の管理下に置かれることになり、裁判所から任命された代表者(Personal Representative)が、遺言書がある場合には遺言執行者(Executor)として、また、遺言書がない場合には、遺産管理人(Administrator)として、遺産財団の清算手続きを実行していくことになります。そのため、裁判所が全ての情報を入手してからの判断となるため、「プロベイト」によった場合には、相続財産が相続人に分配されるまでに数年を要することも珍しくありません。

また、時間だけでなく、海外の弁護士・会計士などの専門家を必要とするケースが発生することもあり、想定していない多額の出費が必要となるケースも考えられます。

さらに、「プロベイト」によった場合には、裁判所を通じて、遺言書や遺産内容、相続人の情報が公開されることになるため、個人情報が流出するなどの問題点も発生することがあります。

ちなみに、「プロベイト」を要するとしている国は、米国、イギリス、カナダ、オーストラリア、シンガポールなどがあり、いわゆる資産税がないシンガポールなどにおいても「プロベイト」が必要とされている点や、米国などは州によってルールが異なる場合がありますので併せて押さえておく必要があります。

＜3＞　海外相続のトラブルを避けるために

海外に財産を所有している場合には、財産が所在している海外の現地国において、相続発生時に「プロベイト」が必要となるか否かを事前に確認しておくことがとても重要になってきます。その上で、生前に実行可能な対策をあらかじめ行っておくなど、しっかりと準備しておくことが望ましいと考えます。

まず、最初に、日本における公正証書遺言や自筆証書遺言などと同様に、海外の現地国でも通用する「遺言書」を作成しておくことが有効な対策といえます。

なお、海外の現地国において有効な「遺言書」とするためには、日本の公正証書遺言の写しでは不十分です。現地の言語による、現地のルールに従った「遺言書」を準備しておくべきでしょう。

さらに、海外では主にサイン(署名)が用いられていることもあり、本人が自筆したことを公的に証明する「公証」が、日本における印鑑証明のような重要な役割を果たすことになります。日本では本人確認のための印鑑証明が公的文書においても活用されていますが、海外においては通用しないと考えておいた方が無難です。

しかし、有効な「遺言書」だけでは「プロベイト」対策としては不十分といえます。なぜならば、どのように遺産分割するかは「遺言書」により明確になりましたが、遺産分割を確定する手続きである「プロベイト」を経なければ遺産分割を行うことができないからです。

さらなる「プロベイト」対策としては次のようなことが考えられます。

(1)信託の活用

海外の信託会社等を通じて生前に「信託」を利用した場合には、財産の管理・運用・処分を第三者に委託することができるため、「プロベイト」による時間のかかる手続きを回避することができ、「プロベイト」対策として非常に有効といえます。ただし、信託手数料が発生しますので、費用対効果を考えて利用することが賢明です。

(2)相続発生時の受取人の指定

資産家の死亡時の相続財産の受取人を事前に指定しておくことで、「プロベイト」を回避することが可能です。ただし、適切な受取人がいない場合には選択することが難しいともいえます。

(3)共同保有

海外不動産を共同保有としたり、銀行口座を共同口座とすることで、共同名義人の一方が死亡した場合には、「プロベイト」手続きを経ることなく自動的に引き継ぐことができます。ただし、この方法によると、共同保有者は共同保有資産を自由に処分することができるため、適切な共同保有者がいない場合には選択が難しいといえます。

これらのことを踏まえながら、国外財産を有する資産家に向けた事前の対策を取っておく必要がありますが、なにより重要なのは国外財産を保有することによるメリットとデメリットを十分理解してもらい、その意図に沿う形で全世界の資産に対して、タックスプランニングを行うことだと考えます。

10 同族会社

＜1＞ 寄附金の税務

(1)完全支配関係がある法人グループでの費用負担

グループ法人税制の創設により、完全支配関係がある法人グループ間での取引について、課税関係が繰り延べられることになりました。

そのため、100％の完全支配関係がある子会社から親会社が寄附金を受領した場合には、支出した子会社では寄附金が損金不算入となり（法法37②）、受領した親会社の受贈益についても益金不算入となります（法法25の２）。

このことは、グループ間取引における課税の繰延べの効果が受けられることになった反面、注意が必要な場面が増加したともいえます。以下、事例を見ていきましょう。

事例 完全子会社が負担すべき経費を完全親会社が負担しているケース

グループで同じ拠点のオフィスフロアを共有するため、完全親会社甲が一括して年間1,000万円で借り上げているフロアに、完全子会社乙が本来負担すべき賃料400万円を支払わずに使用しているケース

解説

以下のような税務上の問題が発生することになります。

○完全親会社側で発生する問題

完全親会社が負担している完全子会社が負担すべき賃料相当400万円は、寄附金に該当することとなるため、グループ法人税制の適用により、その全額が損金不算入となります。

そのため、完全親会社側では、課税所得が400万円増加することになります。

○完全子会社側で発生する問題

会計処理が全くされていない場合には、グループ法人税制の適用により受贈益の全額が益金不算入となる一方、支払賃料の計上漏れがあるため、

申告書上で支払賃料に相当する400万円について課税所得を減額することになります。

このように、完全親会社側では400万円の課税所得を増加させる一方、完全子会社側では400万円の課税所得を減額することになるため、グループ全体では課税所得がグループ間取引による影響を受けなくなっていますが、それぞれの会社での申告時に調整が必要となるためグループ間取引の有無について事前に確認するなど留意が必要になります。

これまで、実務的には契約などの形式面を重視して申告実務を行ってきた場合でも、グループ法人税制の適用により、完全支配関係が発生しているグループ間においては、その取引の実態を把握し、実態に合わせた申告を行う必要が出てきたといえます。他方、グループ法人税制の適用は、法人による完全支配関係がある場合に限定されています。グループ法人税制の適用から除外するためには、１株でも分散させておくなど工夫ができるということでもあります。

留意点

・完全支配関係がある法人間で会計処理がなされていなくても、実態に合わせて本来負担すべき経費が負担されていないなどの状況を確認する必要がある。

事例 個人の完全支配関係がある法人間での寄付

法人甲及び法人乙の株式を個人Ａがそれぞれ100％保有している状況において、法人甲が法人乙の負担すべき賃料400万円を負担しているケース

解説

税務上法人甲から法人乙への通常の寄附金があったと扱われることになります。なお、当該ケースは個人による完全支配関係となるため、寄附金に関しは法人による完全支配関係に限定されているためグループ法人税制の適用はありません(法法37②)。

そのため、法人甲においては、通常の寄附金としての取扱いとなり、限度額計算により損金計上を行うことになります。

また、賃料相当を法人乙が受領したことで、その金額を受贈益として益金に計上することになります。

赤字が継続するようなグループ会社の支援には、グループ法人税制の適用による配当や寄附金が利用できる反面、寄附金の場合には適用場面が法人による完全支配関係に限定されているため、支援が必要となるグループ会社が個人による完全支配関係にある、または他の株主が存在しているなど完全支配関係にない場合には、株式譲渡等により法人による完全支配関係の成立を目指すという事前準備が必要になります。

留意点

・寄附金においては、個人による完全支配関係の場合はグループ法人税制の適用はない。

＜2＞　借入・貸付・連帯保証

(1)役員貸付及び借入の留意点

同族会社では役員と法人間の貸付・借入が簡単に実行できるため、非上場の同族会社ではいわゆる役員貸付金、役員借入金を行っている会社が多く見受けられることと思います。

法人の資金繰りを個人資金で支うことや、逆に、個人の資金繰りを法人資金で支う目的から役員貸付及び役員借入が行われているというのが大半の理由になっているようです。確かに、金融機関からの借入など外部の借入に比べて手軽に資金調達が可能となることは、資金繰りで頭を悩ます経営者にとって大変なメリットであることは間違いありませんが、役員貸付金や役員借入金には税務リスクが伴うこともあるため利用する際には注意が必要です。

役員貸付及び役員借入の税務リスクをそれぞれ見ていくこととしましょう。

①　会社が役員に貸付を行う場合の税務リスク

イ　利息計上に関する税務リスク

役員又は使用人に金銭を貸し付けた場合、その利息相当額は、原則として次に掲げる利率によらなければ、その差額に関しては役員に対する報酬として課税されることになります。

(イ)　会社が他から借り入れて貸し付けた場合：その借入金の利率

(ロ) その他の場合：貸付けを行った日の属する年に応じた次に掲げる利率

対象年度	利　率
平成22年～25年	4.3%
平成26年	1.9%
平成27年・28年	1.8%
平成29年	1.7%
平成30年～令和２年	1.6%

そのため、低金利での貸付を行うなど、上記に定められた利息との差額が発生する場合には、役員賞与とみなされます。その金額は損金不算入となり、会社の法人税額が増額する場合があるほか、個人の所得税額にも影響を及ぼすこととなるため役員貸付を行う場合にはその貸付利率についても留意が必要です。

ただし、災害や病気などで臨時に多額の生活資金が必要となった役員又は使用人が、その資金に充てるため、合理的であると認められる金額並びに返済期間で金銭を貸し付ける場合や、会社が行った借入金の平均調達金利を用いるなど、合理的であると認められる貸付利率を定め、この利率によって役員又は使用人に対して金銭を貸し付ける場合等には、例外として無利息や低金利での貸付金利息が認められる場合があります（所法36、所基通36-15、36-28、36-49、措法93、平22改正措法附則58、平22改正措令附則14、平22改正措規附則７）。

ロ　貸付の行為そのものに対する会社法及び税務上のリスク

会社が金融機関などからも資金調達を行っているなど、債権者が多数ある場合に、会社役員が会社から資金融通を受けることが後々問題となることがあります。

株式会社であれば、株主総会又は取締役会の承認を経て実施される必要がありますし、貸付金が回収できなくなった場合には、他の役員は連帯して返済を行う必要が出てきます。そのような状況において、本来役員賞与として支給すべきものが貸付金とされているような場合には、税務上否認されることになり、結果として過少申告加算税及び延滞税等の法人課税のほか、役員個人の所得としての課税が発生する可能性があるため、役員への貸付けを行う際にはこれらの事項にも十分配慮した上で実行をするようにしなければなりません。

ハ　留意点

役員貸付金は一見便利に見えますが、上記の様な税務リスクが発生する可能性があるほか、会社の資金を個人へ流出させている行為にほかならないため、金融機関からの見え方もあまりよくありません。そのため、できるかぎり利用を控えることが望ましいと考えます。

②　会社が役員から借入を行う場合の税務リスク

イ　利率に関わる税務リスク

会社が役員借入の利息を支払うと「支払利息」として会計処理を行うことになります。この利息が適正な利息を超えて支払われる場合には、その差額を役員賞与とみなされ、損金不算入となり延滞税、加算税等の法人課税が発生する可能性があります。

ロ　相続が発生した場合のリスク

会社の役員借入金は、個人からみると会社に対する貸付金であり、個人の相続財産の対象となります。同じく相続財産となる株式などと比べても、個人の貸付金は額面で評価することとなるため、実際に会社が返すことが困難である役員借入金が残っている場合には、価値がないにもかかわらず相続財産に含まれることとなり、相続税の納税額が増えていくことになります。

このような状況を改善し、将来の相続税対策を適切に行うためには、次のような方法が考えられます。

(イ)　債務免除の実行

個人の貸付金を債権放棄することで、会社の債務が免除されることとなります。もちろん、会社側では役員借入金の免除に伴い、債務免除益が発生することになりますが、繰越欠損金が発生しているなどの状況であれば、相殺されることとなり、相続財産の対象となる貸付金が消滅することとなるため、相続税評価額の圧縮が期待できます。

ただし、同族会社では、債務免除を受けると、他の株主への贈与があったとみなされる可能性もあるため、相続税対策を行う際には、他の株主に対して確認を行っておく必要があります。

(ロ)　デッド・エクイティ・スワップ(DES)の実行

借入金を資本金に振り替えるスキームを実行することで、個人の財産は、「貸付金」から「株式」へ転換され、相続税評価額が貸付額面での評価から、株式の財産評価へ変更することになるため、相続税評価額を圧縮することができる余地が高まります。

しかし、DESは役員債権を現物出資して、増資する行為と考えられているため、役員債権を時価で受け入れることとなる点に留意が必要となるほか、債権の額面と時価との間に差異がある場合には、債務免除を行った場合と同様に、債務免除益が発生することでの課税リスク及び同族株主に対するみなし贈与課税のリスクが発生することになります。

実務的には、債権の時価評価を避けるために、役員借入額に見合う増資を行って、役員から会社に金銭を払い込み、その後に、役員借入金を返済するという、DESと同様の結果をもたらす、疑似DESを実行することである程度の税務リスクを回避することができます。

なお、DES（疑似DES）を実行する場合には、資本金等が増加することになるため、外形標準課税の適用可能性、均等割の増加可能性、中小企業特例の適用除外及び登録免許税率等の事前検討も併せて実施する必要があります。

(2) 役員個人が会社の外部借入等の保証を行う場合の税務リスク

会社が銀行などの金融機関から融資を受ける場合に、社長個人が保証人となるケースが実務では多く行われています。

しかし、最近は信用保証協会等の保証機関が会社の借入金に対して保証を行うことも多くなってきています。その場合は、保証機関に対して保証料を支払うことになり、会社の経費として、税務上損金に計上することになります。

同じように、会社の保証を行っている社長個人が保証料を受け取るということは自然なことと理解されていますが、会社から社長個人に対して保証料を支払う場合に、留意すべき税務上のリスクがあります。

すなわち、信用保証協会等の保証機関に対して通常支払われる保証料の額を超えて、社長個人に保証料を支払う場合には、その差額は、役員に対する給与とみなされ、損金不算入となり法人税法上の課税がなされることになるため、保証料の設定には留意が必要となります。

実際に問題となった判例を紹介します。

宮崎地方裁判所　平成10年(行ウ)第６号　法人税賦課処分等取消請求事件(棄却)(確定)

会社が行っている金融機関からの借入について、個人保証を行っていた会社役員が会社から年利２％の保証料を受け取っていたが、当時の信用保証協会が設定していた保証料が年利１％であったことを基準にそれを超える金額を損金に算入することができないとされた事例

「平成元年四月一日から、保証料として、保証に係る借入金の各月初めの残高に月利率0.1666666パーセント(年利率２パーセントに相当)を乗じて計算された額を支払い(以下「本件保証料」という。)、これを支払利息として各事業年度の損金に算入して法人税の申告をした」が、「公正処理基準に照らし、本件保証における適正な保証料額は、保証の対象となる債務額に年利率１パーセントを適用して算出される金額を上限とするのが相当であり、本件保証料のうち、同額の範囲内は、保証委託の費用(法人税法22条３項)として損金に算入することができるが、これを超える本件否認部分(別表３の１ないし３及び同４の１ないし３の「報酬とされる額」欄記載の金額)は、右費用としては損金に算入することができない」とされた。

(税務訴訟資料249号731頁)

11 民事信託の有効活用

＜1＞　2021年4月現在民事信託は使えるのか、使えないのか

(1)民事信託の必要性

① 認知症高齢者の現状

65歳以上の認知症高齢者数と有病率の将来推計についてみると、平成24（2012）年は認知症高齢者数が462万人と、65歳以上の高齢者の約7人に1人（有病率15.0％）であったものの、厚生労働省の推計では平成37（2025）年には約5人に1人になるとしています。

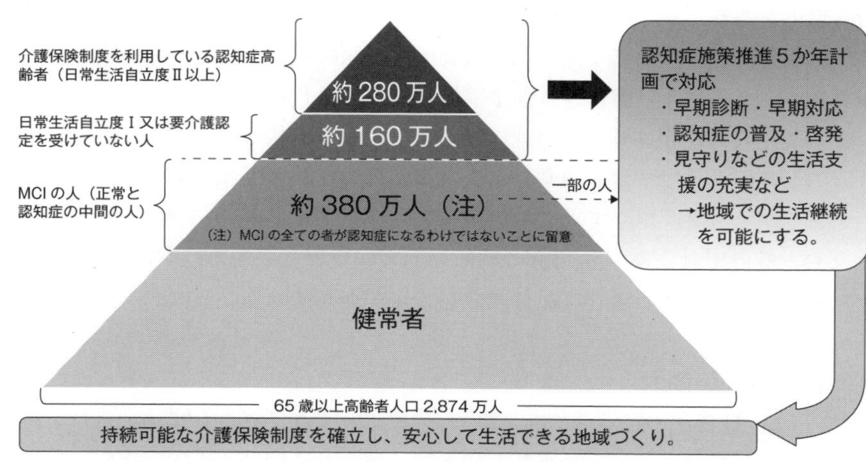

（出典：平成25年6月25日厚生労働省老健局高齢者支援課認知症・虐待防止対策推進室説明資料）

②　成年後見制度の問題点

成年後見制度とは認知症、精神障害、知的障害などで本人の判断能力が不十分な場合、法定代理人が財産管理や老人ホーム等の施設への入所契約などをする制度です。判断能力の程度に応じて判断能力が「ほぼない」というもっとも重い「後見」から、「保佐」、比較的軽い「補助」の３種類があります。制度を利用する場合、親族らが家庭裁判所に申し立てますが、その際提出する医師の診断書や実際の本人の状態により家庭裁判所が判断します。

「後見」と判断された人には、成年後見人と呼ばれる法定代理人が選任されます。成年後見人は本人に代わって預金の引出し、本人が自分で行った契約行為の取り消しが可能となります。親族の他、司法書士や弁護士、社会福祉士など専門職が成年後見人となっています。

ただし、財産はすべて家庭裁判所の監督下に置かれ、家庭裁判所の監督のもと、後見人が管理することになる本人の財産をすべて開示しなければならず、毎年の収支報告が義務付けられ、大きな財産を動かす際は家庭裁判裁所との打ち合わせや許可が必要となる等の問題があります。

昨今、メディア等でも周知のことですが、成年後見人らが被後見人のお金を使い込んだという事件が多発しています。最高裁判所の調べでは平成26年の被害総額は約57億円もあり、多くは親族による不正ですが、弁護士らによる不正も目立っています。成年後見人には年１回、家庭裁判所への報告義務があり、もし調査して不正が発覚すると後見人は解任され刑事罰に問われる場合もあります。

また後見人に親族以外の者が就いた場合、報酬を支払う必要があります。月２～３万円が多いようですが、通常、本人財産からの支払いとなるものの、その費用を出すことができず、申立てをしないケースも多いようです。

なお、最近では、家庭裁判所の判断として、財産価額3,000万円超においては、その家族はほとんどの場合、後見人として選任されません。

③　民事信託の効力

「信託法」は民法の特別法であるため、「民法」より優先されます。日付の後先にかかわらず、民事信託に定められた効力は「遺言」に優先します。また、信託財産となった財産は、遺言者の固有財産でないことから、「遺言」の効力の対象外となる強い法的効力を有することを忘れてはなりません。

(2) 認知症になってしまうと法的にできないこと（民事信託の認知症対策機能）

アパートが自分名義の場合、自分が認知症や脳卒中などで意思能力がなくなると、賃貸借契約の締結結や、修繕工事をするときに支障が出ます。民事信託を行うと法的所有権が財産を託した人に移るので、財産の所有者が認知症になっても託した人が管理することから安心感が生まれます。民事信託により、賃貸借契約の締結や修繕工事の実施は、財産を管理してもらうこととなる第三者（受託者）が手続きを行います。高齢者の将来財産の管理・処分等に支障が出そうな場合にも有効な手立てとなります。

一方、信託法の定めでは、「委託者」「受託者」「受益者」の三者合意により契約変更ができることとなっていますが、その当事者が認知症になると信託契約自体の契約変更が出来なくなってしまうことには注意が必要です。

＜2＞　想定される事例から考える民事信託

(1)【基本を学ぼう】民事信託の必要性

民事信託には３人の登場人物が出てきます。すなわち、財産を持っている受遺者（被相続人）＝「委託者」、財産を管理する「受託者」（相続人など）、利益を得る「受益者」（受遺者や他の相続人など）の３人から成り立ちます。

・委託者➡財産を持っている人
・受託者➡財産を管理する人
・受益者➡利益を享受する人

民事信託の仕組み

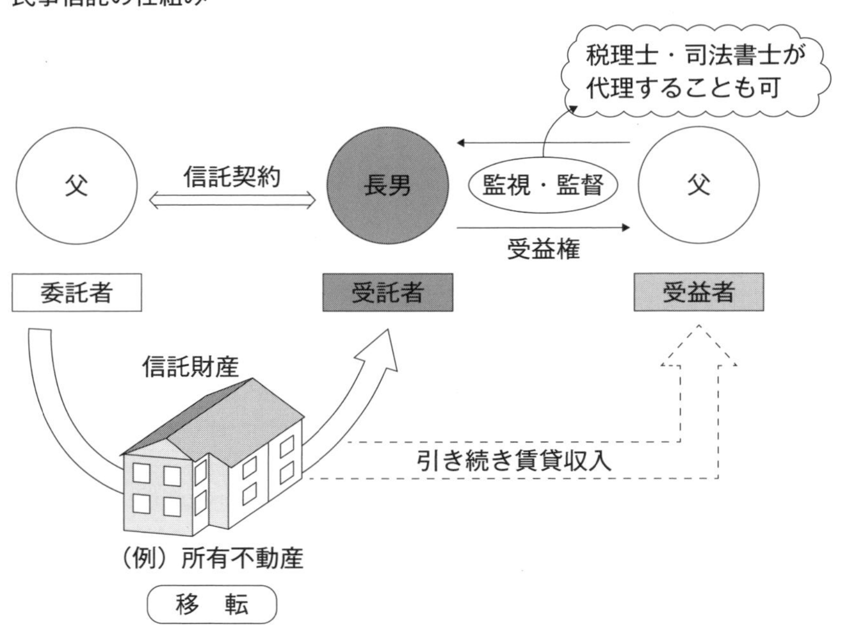

まず、委託者が個人の目的のために受託者に財産を預け、最初は受益者が利益を受け取ります。この時、委託者、受託者、受益者がメインの当事者となります。

一般的にいう「信託」とは、信託銀行等が行う「遺言書の作成＋遺言書の保管＋遺言執行」がセットになった「遺言信託」や「投資信託」をイメージする方が多いと思いますが、これは一般的な信託として銀行が関与する「商事信託」です。

一方、「民事信託」は、「受託者が信託報酬を得るために行うもの」という基本的な仕組みは同じですが、商事信託の様に信託認可を得ずして一般人が信託報酬を得ないで信託するしくみであり、受託者は個人でも法人でも誰でもなることが可能です。

注意！⇒平成30年９月12日民事信託に係る遺留分侵害につき無効の地裁判決

○共有権確認等請求事件（東京地裁　平成30年９月12日判決　平成27年（ワ）第24934号）

（判決要旨）

1　本件信託のうち、経済的利益の分配が想定されない各不動産を信託の目的財産に含めた部分は、遺留分制度を潜脱する意図で信託制度を利用したものであって、公序良俗に反して無効であるというべきである。

2　信託契約による信託財産の移転は、信託目的達成のための形式的な所有権移転にすぎないため、実質的に権利として移転される受益権を対象に遺留分減殺の対象とすべきである。

不動産オーナーの場合で、マンション等の所有不動産物件の建替えなど、一定期間長期に亘る工事を実施する場合、竣工時に不動産オーナーの意識判断能力がないと認定され、借入契約、賃貸借契約ができなくなるケースがあります。こういった場合は、不動産オーナーが委託者となり、マンション等の所有不動産物件を信託財産に、受託者をその子息とすることにより、大規模工事契約の権限がその子息に移転します（認知症対策機能）。

なお、金融機関や建設業者との事前相談は必須となりますが、民事信託に慣れていない関係者には、本書を活用するなどして理解を得ていく努力も現段階においては避けられない実情があります。

さらに最も重要なこととして、その信託契約において帰属権利者をその子息とする等により、実質的に遺言と同等の効果を実現させることができます。

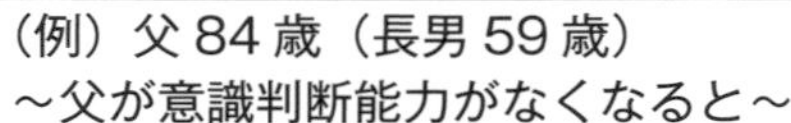

(例)父84歳(長男59歳)
~父が意識判断能力がなくなると~

⇒ 大規模修繕、賃貸借契約
建替、売却、管理委託契約 が不能に

民事信託

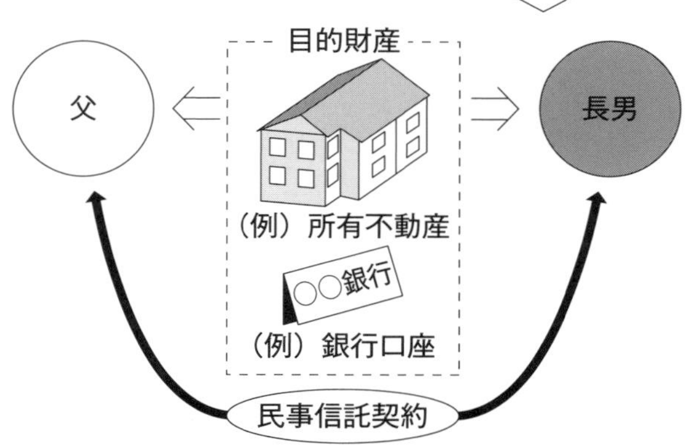

所有不動産・銀行口座必要財産を選択しそれぞれを目的とした信託契約を締結する

- 大規模修繕
- 建替
- 売却
- 賃貸借契約
- 管理委託契約 etc.

可能に

「帰属」の効果は遺言と同等の機能を有する

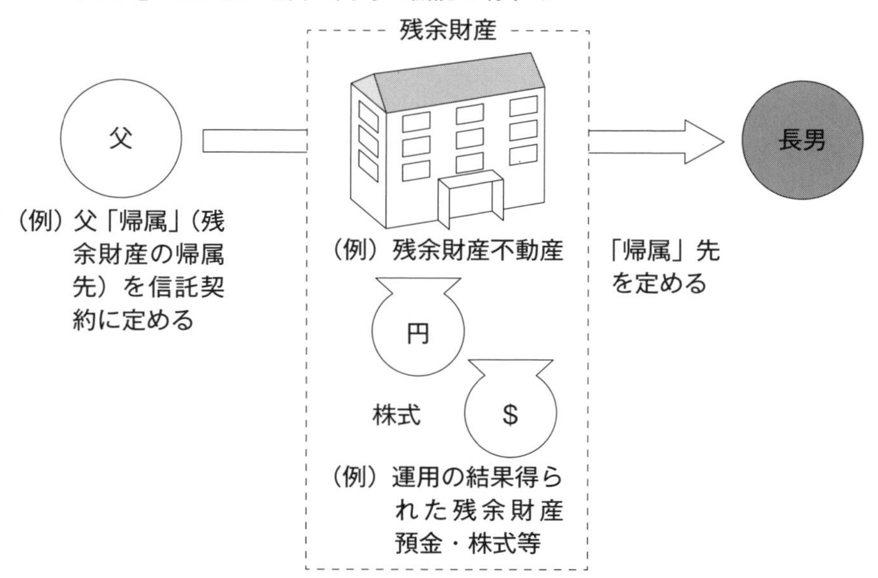

(2)一軒家から老人ホームへ移住(認知症対策機能)

高齢の母親が自宅(一軒家)での一人暮しに不安を覚え、安心して介護付有料老人ホームに移りたいといった場合、将来、その母親の一意識判断能力がなくなると、その自宅の売却や自宅を修繕して賃貸物件にして運用していくことが出来なくなってしまいます。このような場合に備え、母親が委託者、長男を受託者として、その自宅及びその他の預金や株式を信託財産にすることにより、長男が信託財産の運用に努め、経済的価値の最大化しつつ、母親の身上監護に係る費用や介護付有料老人ホームの月々利用料等に充てることが可能となります。

なお、このようなケースでは自宅の「受益権」を母親にすることがほとんどですが、売却しない限り、「受益権」の権利の内容は、自宅に「住む」権利が残ります。

（例）母（84 歳）長男（56 歳）
母は自宅（所有）で一人暮し

⇒安心して介護付有料老人ホームに移りたい

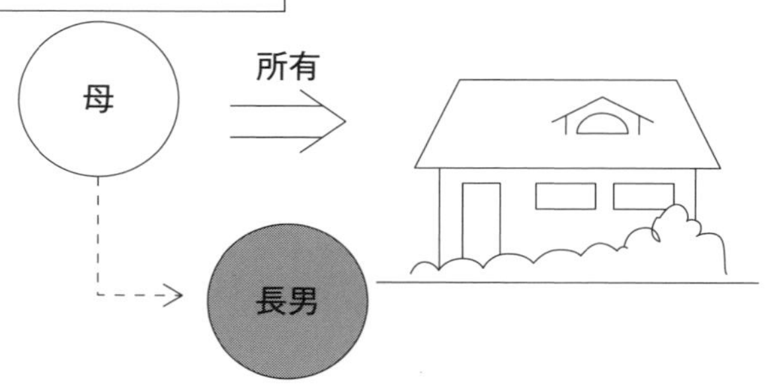

～今後、母が認知症になると自宅の売却や運用は困難に！～

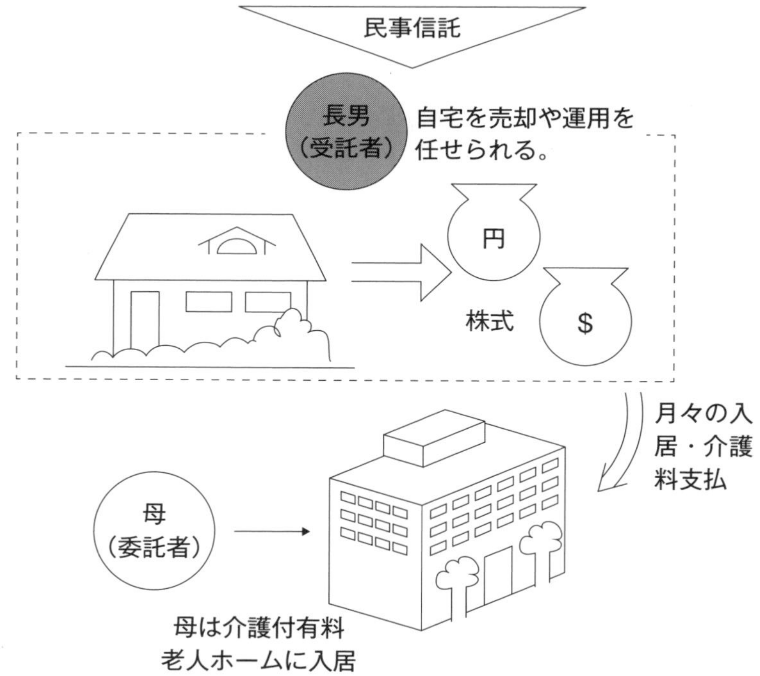

母は介護付有料
老人ホームに入居

留意点

1. オーナーが信託を設定する場合、遅滞なく賃借人への通知を行うことも忘れてはなりません。
2. 改正当初、誤って、「委託者」と「受益者」を同一人物にしてしまい「贈与税」が課されるケースが散見されました。
3. 後妻の連れ子に財産が行かないように、後妻に財産が移転し、その後妻が死亡した場合は、実子に財産を戻すという信託契約も多く見られますが、相続税2割加算を忘れてはなりません。

(3)共有不動産の運営を民事信託で行う(認知症対策機能、不動産等価値向上支援機能)

不動産が共有物件であり、例えば、複数、かつ、高齢な兄弟の場合、一人の兄弟の意思断能力が低下すると、建替え、大規模改修、売却、管理ができなくなってしまいます。このような場合、例えば、その兄弟の中で管理能力が高く、健康状態も優良な兄弟一人を委託者として、他の兄弟は委託者となり、その共有物件を信託財産とすることにより、共有の古アパートの今後の修繕、建替え、売却に備えます。

（例）
長男（92 歳）、長女（90 歳）、次男（88 歳）、次女（85 歳）でアパートを共有

○共有のアパートの老朽化により、空室率が上昇
○次男（88 歳）が代表して管理するものの長男、長女の物忘れが…

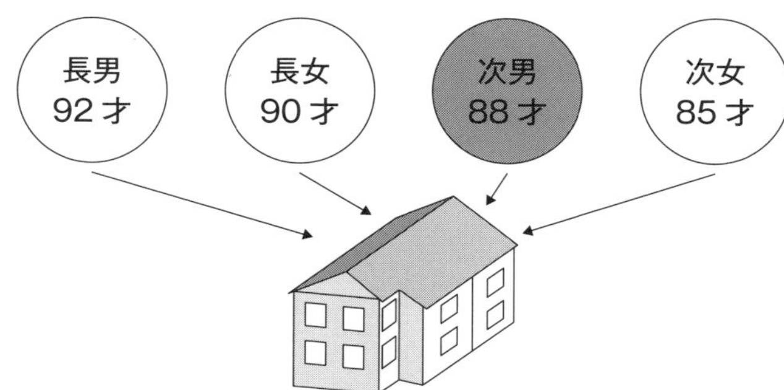

～建替・大規模修繕・売却が次男だけではどうにもならない！

民事信託

共有持分を信託財産として次男に一括して委託。
結果、より収益性向上のため建替を実施。

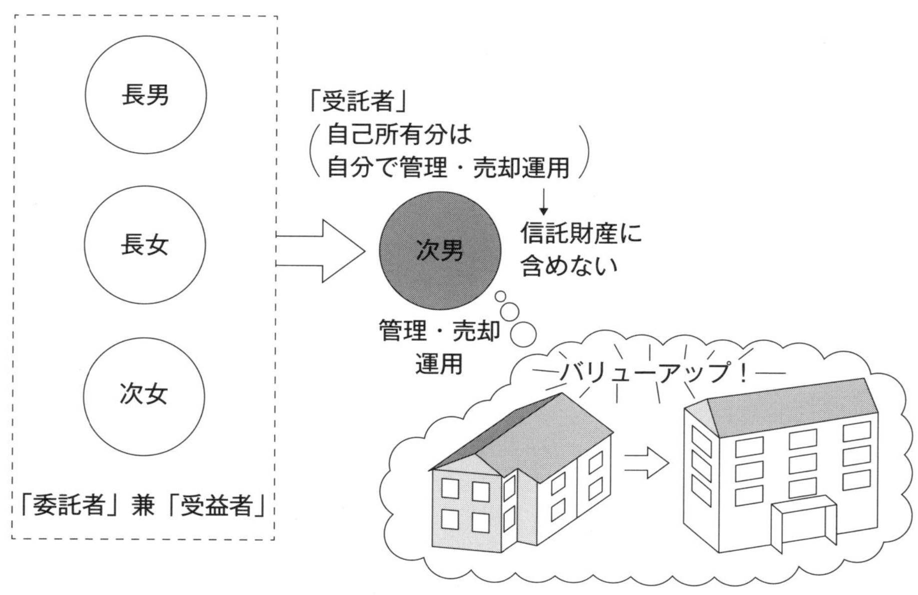

これを民事信託の不動産等名義集約化機能（不動産等価値向上支援機能）といい、信託された財産の所有権は受益権に変換され、その権利は移転しないで「名義」のみが受託者に変更されるという民事信託の性質を利用し、多数の委託者から受託者に「名義」のみを変更することで、それら財産を受託者が一括して管理することが可能となります。

(4) 障害のある子どもの将来のためにアパート等を信託財産として残す準備をする

贈与契約と異なり「受益者」の同意なくして「受益権」の移転が可能であることも、精神障害を持っている子供への「受益権」移転が有効である理由の一つです。

＊「特別贈与6,000万円、特別贈与以外の特定贈与3,000万円」とセットでスキームを構築することになります。また、精神障害の方を「受益者」とする信託は、その障害をもつ方の死亡をもって信託終了とするケースも多く、信託契約が50年以上続く場合もあります。

（例）
○長男に精神障害があり、収益物件のアパートと預金・株式はあるものの、自分達（父・母）がいなくなった後のことが心配。
○次男に後のことを託したい。

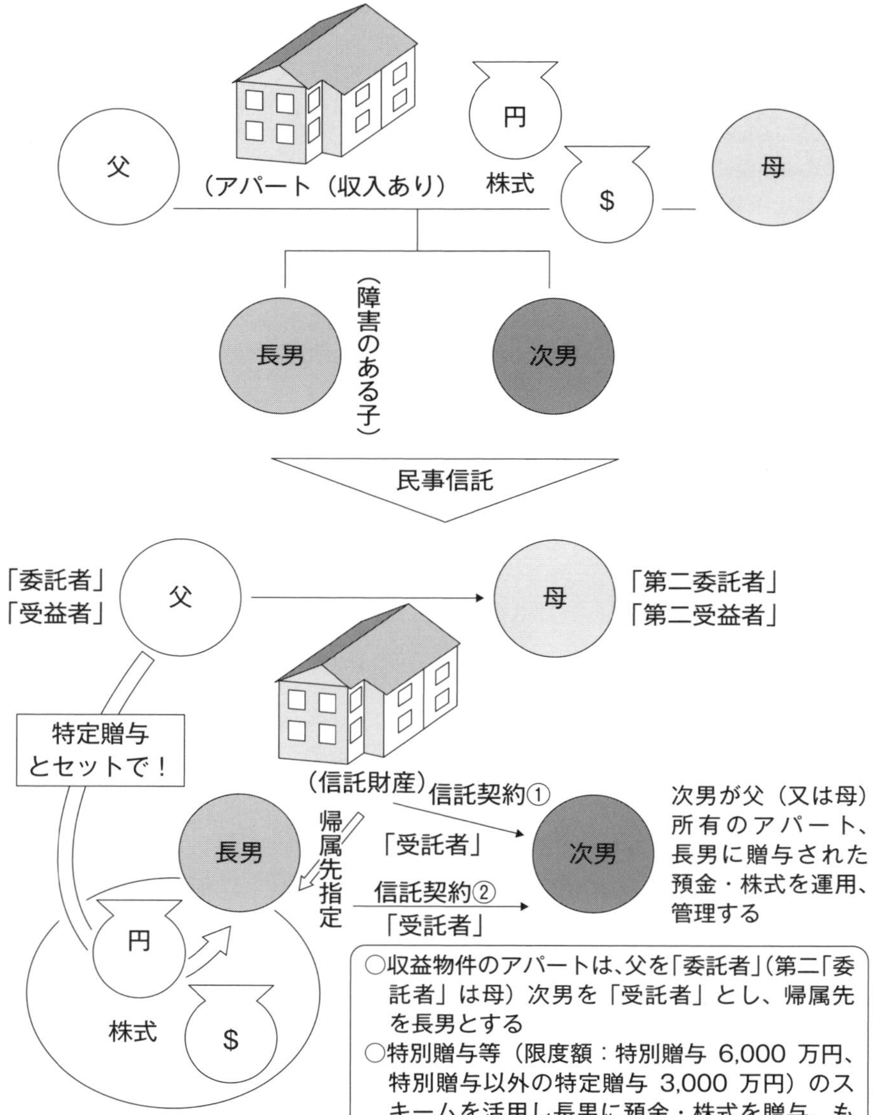

父
（アパート（収入あり）
円
株式
$
母
長男
（障害のある子）
次男

民事信託

「委託者」
「受益者」
父
母
「第二委託者」
「第二受益者」

特定贈与
とセットで！

（信託財産）
信託契約①
「受託者」
帰属先指定
長男
次男
信託契約②
「受託者」
円
株式
$

次男が父（又は母）所有のアパート、長男に贈与された預金・株式を運用、管理する

○収益物件のアパートは、父を「委託者」（第二「委託者」は母）次男を「受託者」とし、帰属先を長男とする
○特別贈与等（限度額：特別贈与 6,000 万円、特別贈与以外の特定贈与 3,000 万円）のスキームを活用し長男に預金・株式を贈与、もう一本の信託契約（委託者：長男、受託者：次男）を締結する。

(5)【事業承継で活用する民事信託】(会社議決権集約機能・事業承継支援機能)

長男家族(同族会社オーナー社長)に子供がいない場合などは、遺言がなければ、大半の財産が長男の妻の一族に引き継がれることとなります。特に、同族会社株式等の経営権が分散されると、その会社の経営・存続が危ぶまれます。

例えば、仮に次男に子供がいて、その孫の将来にわたっての経営能力に期待が持てる場合、同族会社オーナー社長が委託者となり、同族会社株式を信託財産に、受託者をその孫とすることにより、家督相続・事業承継を円滑に進めることが可能となります。その孫の経営能力に不安がある場合は、長男(同族会社オーナー社長)を指図権者に指定することにより、経営の継続性を担保します。

会社などの事業継承において自分の持ち株を誰に渡して、経営権は誰に託すのかなど、家族間での対話を通じて、条件付きの財産承継などを行うことができます。

これは一般家庭でも同じで、遺産分割の期間や分割方法や割合を受託者が中心となって、生前から行うことができますので、相続人全員が納得のできる相続のありかたを作り出すことも可能となります。中小企業の事業承継問題では、同族会社オーナー社長が亡くなった後、例えば妻に自社株を譲って経営を任せるけれど、その妻も亡くなった後は経営能力のある次男に会社を任せたいといった場合、遺言書では二次相続以降の相続までは指定できない一方、民事信託の一つである“受益者連続信託”の形式を利用することができます。

（例）
〇同族会社オーナー夫婦には子供がいない。
〇将来、次男の息子に会社を継がせたい。
〇次男の息子は、現在、サラリーマンであり、会社経営は完全には任せ切れないことから一定期間「指図権」を同族会社オーナーが行使する。

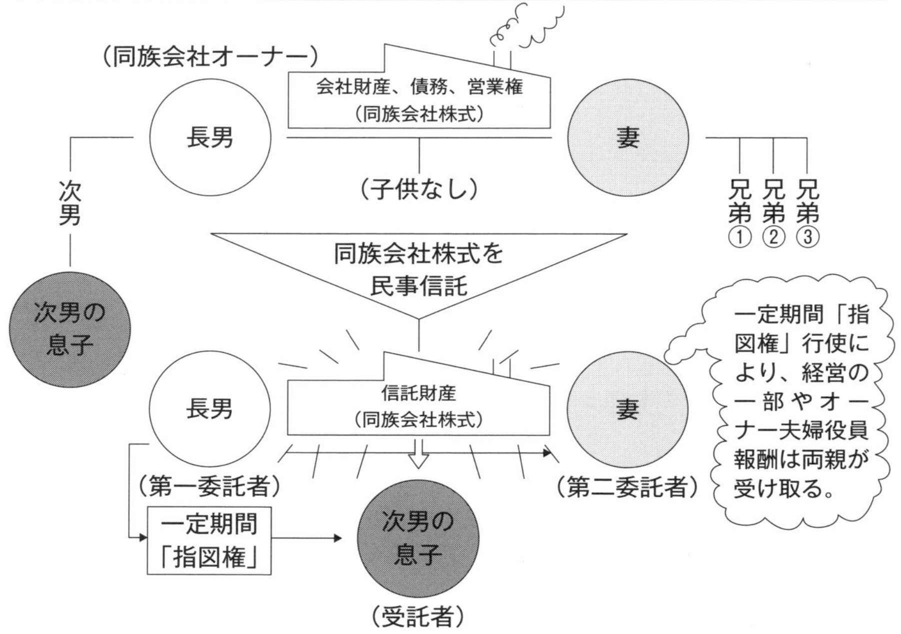

＜3＞　信託利用の留意点

(1)30年ルールとは？

信託法の定めにより、契約終了の規定がない場合は、契約開始から30年経過した最初の「受益者」の死亡をもって契約終了となります。「受益者」を法人とした契約にしてしまうことにより、契約が終了できない契約をしないよう留意しなくてはなりません。

(2)信託不動産の登記簿はどうなっているのか

信託契約によって、不動産を信託財産に盛り込む場合には、登記簿(登記事項証明書）に「受託者」の名前が、管理処分者権限者として記載されます。信託契約に基づき、「所有者（委託者）」から「受託者」への所有権移転登記手続きが行われます。

しかし、これは形式的な所有権移転といえるため、受益者が委託者である場合には、実質の財産権は移行していません。つまり「委託者＝受益者」として締結された信託契約であれば、財産権が「所有権」から「受益権」という名前に変更されただけで、信託財産の帰属先に変更はありません。

信託された財産である不動産の登記簿には、信託目録が必ず作成されます。

信託目録には、受託者が信託により、財産の管理処分権限を持つこと、そして信託で得た収益は受益者に帰属することが記されます。受託者の権限だけではなく、信託の目的や開始・終了時期などの信託条項は、登記簿にすべて記載され、公示されることになり、不動産取引の関係者が確認できるようになっています。

信託不動産の登記簿記載（例）～所有権者欄への記載事項

権利部（甲区）（所有権に関する事項）

順位番号	登記の目的	受付年月日・受付番号	権利者その他の事項
1	所有権移転	平成10年４月５日 第●●●号	原因　平成10年４月５日売買 所有者　東京都世田谷区××× 鈴木一郎
2	所有権移転	令和２年12月10日 第○○○号	原因　令和２年12月10日信託 受託者　東京都八王子市××× 鈴木太郎
	信託	余白	信託目録第△△号

財産の管理処分権限を持つものとして形式的に所有者欄に記載されます

信託目録		調整	余白
番号	受付年月日・受付番号	予備	
第△△号	令和２年12月10日 第○○○号	余白	
１．委託者に関する事項	東京都世田谷区×××丁目…番…号 鈴木一郎	⇒信託受益者	
２．受託者に関する事項	東京都八王子市×××丁目…番…号 鈴木太郎	⇒信託受益者	
３．受益者に関する事項	東京都世田谷区×××丁目…番…号 鈴木一郎	⇒信託受益者	

４．信託条項

信託の目的を自由に記載可

信託の目的
受益者の資産の適正な管理及び有効活用を目的とする。

受託者の権限の範囲

信託財産の管理方法
１．受託者は、信託不動産について、信託による所有権移転または所有権保存の登記及び信託の登記手続を行うこととする。
２．受託者は、信託不動産を第三者に賃貸することができる。
３．受託者は、裁量により信託不動産を換価処分することができる。
４．受託者は、信託の目的に照らして相当と認めるときは、信託不動産となる建物を建設することができる。

信託の終了事由
本件信託は、委託者兼受益者鈴木一郎が死亡したときに終了する。

その他の信託の条項
１．本件信託の受益権は、受益者及び受託者の合意がない限り、譲渡、質入れその他担保設定等すること及び分割することはできないものとする。
２．受益者は、受託者との合意により、本件信託の内容を変更することができる。
３．本件信託が終了した場合、残余の信託財産については、鈴木太郎に帰属するものとする。

信託登記の登記簿謄本には、信託目録に「①目的、②管理方法、③信託の終了」の三つだけは最低限記載しなければなりませんが、他の内容を記載することも自由なので、登記する司法書士の経験とセンスに委ねられるのも事実です。

(3) 公正証書による契約書作成の意味

民事信託契約書は、商事信託ではなく委託者と受託者の個人的信頼をベースに締結されるのが通常ですので、公正証書にて作成することにより証明力を付与していくことをお勧めいたします。特に、後日、意思確認能力について争われることを避けるためにも、本人確認や意思確認を厳格に行った上で作成することの意義は大きいと思われます。その民事信託契約書は、当然に公文書となります。

公正証書は、原本、正本、謄本の３通同じものが作成され、正本や謄本は当事者が受け取ることになりますが、原本については公証役場で少なくとも20年は保管され、万が一、作成時に受け取った正本や謄本を紛失した場合でも、公証役場に保管してある原本にもとづき、再度謄本を発行してもらうことが可能となります。

(4) 遺言機能とは？

信託の設計において、委託者を当初受益者、第二受益者を他者とし、受益権の移転原因を委託者の死亡とすることで、実質的に死因贈与とすることができます。これにより、別途に遺言書や死因贈与契約書を作成する必要もなく、当初受益者の死亡と同時に、遺言執行等を経ることなく、直ちに受益権が第二受益者に移転します。

また、二次相続対策機能遺言書などでは、自分が死んだ際の遺産相続しか指定はできません。二世代、三世代先の相続まで考えるのであれば、民事信託は便利な制度といえます。

また、帰属権利者を定める方法もあり、信託期間終了時には、残余財産は、残余財産はその帰属権利者に帰属することとなります。

(5) 現金を信託するという選択肢は？

例えば、預金を１億円信託した場合、「受託者」を息子にすると、息子の預金口座名義となります。その預金口座はなるべく、信託口座にすべきであり、また、他人や兄弟（税務当局等も含めて）による贈与等の疑いを避けるため、信託契約は公正証書にするのが妥当です。

(6)民事信託終了の事由にはどんなパターンがある？

信託法の定めにより、「受託者」と「受益者」が同一人物となって１年経過すると信託契約は終了してしまいます(信託法163、164)。そのため、三世代信託の場合は、信託財産のうち一定割合を先んじて孫に移すことで、信託契約を終了させない工夫が必要です。

(7)民事信託に係る登録免許税

平成29年６月22日付の東京国税局の文書回答事例「信託契約の終了に伴い受益者が受ける所有権の移転登記に係る登録免許税法第７条第２項の適用関係について」により、「委託者」と「受益者」が同時移転しない信託は、「受益者」移転時に、特例の対象とならず、通常の1000分の20の登録免許税が課されることとなりました。

「委託者」を息子にして、「帰属権利者」もまた息子にした場合、単純に相続により遺贈した場合より、登録免許税が倍必要となります(4/1000×２)。

(8)民事信託と適用が競合する相続税法とは？

相続税における小規模宅地の特例要件を具備する場合、信託契約書が相続税申告書の添付資料となります。

相続時精算課税制度、暦年贈与制度を活用した信託を設計することも関係専門家の腕の見せどころです。

＜4＞　基礎知識・用語解説

【信託委託者】

委託者は、民事信託を設定する場面では、①財産を拠出し、②信託目的を設定する重要な人物です。主に以下の権利が与えられています。

1．信託の変更・併合・分割については委託者を交えた信託の当事者の合意が必要です(信託法149、151、155、159)。
2．委託者と受益者の合意により、信託をいつでも終了させることができます(信託法164)。
3．信託行為の当時予見できなかった特別の事情による信託の変更・終了を命ずる裁判を裁判所に求めることもできます(信託法150、165)。
4．受託者を解任することができます(信託法58)。

委託者が死亡した場合、委託者の地位が相続によって継承します。

【信託受託者】

受託者は信託行為の定めに従い、信託財産の管理処分を行うことができます。受託者は信託行為によってその権限を大きくすることも小さくすることもできます。よって、信託行為時に受託者の能力に応じてきちんと権限を定めておくことが必要です。信託財産の維持・管理・利用・処分、借入や訴訟も可能です。

一方、受託者には信託法上以下の義務が発生します。

・信託事務遂行義務、・善管注意義務、・分別管理義務、・忠実・公平義務
・帳簿作成・報告等義務、・利益相反行為の規制

民事信託では、受託者に身近な家族がなることができます。信託銀行や信託会社が受託者になる必要はありません。ただし、司法書士や弁護士が受託者になることは基本的にはできません。具体的には、

・家族の中でも財産管理ができるしっかりした人
・委託者の想いをきちんと実現できる人
・長期にわたって財産管理ができる人

…となるのが一般です。

民事信託の場合でも、法人も受託者になることが可能です。例えば、信託の受託を目的とする法人を設立して、そこを受け皿にすることも可能です。信託の受託者として株式会社でもいいのですが、相続対策として多くのメリットがある一般社団法人の方が仕組みに適合するケースが場合が多いのも事実です。

受託者が死亡した場合ですが、受託者の地位は相続しません。信託行為によって次なる受託者が決められている場合は、それによることになります。決められていない場合は、委託者と受益者が新しい受託者を選任することになります。注意が必要なのが、受託者が死亡して１年間、次の受託者が選任されなかった場合、強制的に信託契約は終了してしまうということです（１年ルール）。

最後に「信託の引受けを業として行う者」は、「免許を受けた信託会社（株式会社）」でなければなりません。「業」というのは、「営利を目的」として「反復継続」して行うことをいいます。業として行う場合は「商事信託」となり、信託銀行などが扱う業務となります。委託者と顔見知り又は親類の専門家が単発で受託者となることはできますが、それ以外の専門家が受託者となる場合、「業」となるため、引き受けることができません。

【信託受益者】

受益者は信託財産に係る給付請求(受益債権)及び信託違反行為の差止請求権、受益権取得請求権を有しています。

通常、受益者は、1．高齢の配偶者、認知症の配偶者、2．障害を持つ子、3．未成年者、4．浪費癖のある者、5．後妻、内縁の妻、6．家を継ぐもの、7．事業承継者、8．遺留分権利者などがなる場合が多いようです。また、受益者が複数の場合は、法律では全員一致であることが必要です。ただし、契約で決まりを作ることも可能です。

受益権は債権なので自由に譲渡できる一方、信託行為によって受益権の譲渡禁止をすることも可能です。

そして受益者が死亡した場合も、委託者同様に、財産の相続人が受益権を相続することで受益者となります。信託契約内に明記がなければ、遺産分割協議で他の財産と同様に取得者や取り分が決められます。生前に受益者が相続人指定をしておくことも可能です。ちなみに、受益権の財産評価は、通常の財産評価と同様、不動産建物は固定資産税評価額、土地は路線価となります。

【信託監督人】

民事信託は受益者のための制度でもありますが、受益者が適宜、適切に意思表示をできないケースもありますし、一度受託者になった者の権限が強いということもあり、受託者を監督する人も必要になる場合に、信託監督人を設置して、受託者がその信託事務遂行義務等を適切に遂行しているかを監督する任を担ってもらいます。

【指図権者】

信託財産から、毎月の生活費や施設利用料など、金銭の支出が必要になった場合、受益者は受託者に金銭の交付を指示することがありますが、受益者に判断能力の低下等があると、指示することが難しくなります。

このような場合に備えて、委託者は信託設定の際に、信託財産の処分・運用・同族株式の議決権の行使等の信託事務につき受益者を助け同意する者として同意者を、受益者に代わって指示をする者として指図権者を指定することができます。

【二次受益者】

比較的若い「受益者」に加えて「受益者代理人」の２人を設定し、「受益者」変更を可能とする契約も有効です。

【二次受託者】

昨今、「受託者」の死亡リスクを回避すべく、「第二受託者」の設定を求める金融機関も多くなってきているのが実情です。

【受益権の譲渡禁止】

民事信託契約においては、「受益権の譲渡禁止条項」を定めない場合は、受益権の譲渡が可能となります。ただし、民事信託契約自体が委託者と受託者の個人的信頼をベースに締結されるのが通常ですので、契約締結時に想定されなかった第三者が受益者となることにより、受託者の委託者に対する報告義務や委託者の受託者の解任権の問題、信託の変更や終了といった重要事項、さらに大きな問題として、帰属というその新受益権者の意思や想いに大きく係る事柄の再整理、当然に受益権譲渡による譲渡所得税の問題等、複雑多岐に亘る信託契約の根幹に係る問題が発生することも想定されます。そのため、ぜひ、「受益権の譲渡禁止条項」を定めることをお勧めしたいと思います。

12 準確定申告

<1> 準確定申告とは

準確定申告とは、年の途中で死亡した人(被相続人)の所得に関する確定申告を指し、確定申告をしなければならない被相続人に代わり、相続人により申告が行われます。

通常、所得税及び復興特別所得税の確定申告が1月1日から12月31日までの期間であるのに対し、準確定申告は、1月1日から亡くなった日までの期間について相続開始を知った日の翌日から4か月以内に、被相続人の死亡当時の納税地の税務署長に対し申告を行います。一方で、被相続人が確定申告を行う義務がない場合、相続開始の翌日から5年を経過するまでの間、準確定申告書を提出することができます。

申告に際しては、相続人が1人ではなく2人以上の場合、原則として「死亡した者の所得税及び復興特別所得税の確定申告書付表(兼相続人の代表者指定届出書)」を一緒に提出する必要があります。他の相続人と一緒に提出ができない場合は、他の相続人の氏名を付記して、各人が別々に提出することもできます。その上で、当該申告書を提出した相続人は、他の相続人に対し、当該申告内容を通知する必要があります。

また、令和2年分以降の確定申告から、青色申告特別控除(65万円)を受ける場合には、従前からの要件に加え「e-Taxによる電子申告を行う」又は「電子帳簿を保存する」ことが要件とされました。

これにより、令和2年分以降の準確定申告においても利便性向上のため、e-Taxでの電子申告にも対応することになりました(申告に際しては、代表相続人に対し、他の相続人からの準確定申告用の委任状を書面で提出することが必要になります)。

<2> 準確定申告と各種控除

準確定申告における「医療費控除」「生命保険料控除」「地震保険料控除」「社会保険料控除」「寄附金控除」等の各種控除に関しては、死亡の日までに支払った金額の控除を受けることが可能となります(死亡後に相続人が支払ったものは各種控除を受けることができません)。通常の確定申告時期であれば問題なく取得できる「医療費のお知らせ」や「各種保険料控除証明書」「寄附金受領証明書」等が存在しないケースが多いため、支払額の確認や各種証明書の取得を早急に行わなければなりません。

また、「障害者控除」に関しては障害者手帳等で確認を行いますが、「扶養控除」「配偶者控除」「配偶者特別控除」等に関しては、死亡した日時点で対象になるかどうか判断することになります。そのため、死亡の日時点における親族関係の確認や、その親族等の１年間の合計所得金額の見積りも行うことが必要となります。

＜3＞　準確定申告における注意点

(1)配当金に関する注意点

被相続人の配当金による収入金額は、これを申告の対象に含めることが可能となりますが、被相続人が亡くなったタイミングによって、準確定申告に含めるか否かの判定が行われます。

１月１日から配当基準日までに被相続人が亡くなった場合や、配当基準日の翌日から配当確定日までの間に被相続人が亡くなった場合の「配当期待権」については、準確定申告の対象にはならず、相続人の配当所得に該当します。

一方で、配当確定日の翌日以後、配当金の支払がされるまでの間の「未収配当金」や、配当金の受取日以後、被相続人が亡くなった場合は、被相続人の準確定申告における配当所得に該当します。

当該配当金を準確定申告に含めるか否かに関しては、通常の確定申告と同様に、上場企業の配当とそれ以外の配当では、それぞれの内容に応じて確定申告の対象に含めるか否かといった点や、申告における有利不利の判断を行うことになるため注意が必要です。

(2)固定資産税に関する注意点

不動産に対する固定資産税は、毎年、基準日である１月１日(賦課期日)時点の所有者に対し課税されます。しかし、賦課期日以降、相続が発生した場合であっても、納税通知等が届いていない場合、税額が具体的に確定していないことになります。そのため、被相続人が所有する不動産に関する納税通知等が届いていない場合、不動産所得や事業所得等の各事業の準確定申告の経費に含めて計算を行うことができません。

一方で、遺産分割協議が整い相続人が確定した後、該当する不動産を取得した相続人は、固定資産税の納税通知等が被相続人宛として送付されていたとしても、相続人の不動産所得や事業所得等の各事業の必要経費として、経費に計上することが可能となります。

なお、準確定申告は相続発生時までが対象となりますが、相続発生から遺産分割協議が整うまでの間、不動産については各相続人が共同で所有していることになります。そのため、未分割である不動産から生じる所得については、各相続人が法定相続分で所有しているものとして確定申告を行う必要があります。

(3)事業税に関する注意点

個人の各事業の所得に基づく事業税は、確定申告の内容に基づき、翌年に事業税の納税通知が送付され、通常、当該事業税を支払った事業年度の経費として確定申告を行います。

例えば、令和２年分の各事業の所得について、令和３年３月15日までに確定申告を行うと、申告内容に基づき事業税の納税通知が行われます。納税時期に関しては、原則として８月、11月の年２回(第１期納期限８月31日、第２期納期限11月30日)となっています。

準確定申告において事業税を必要経費とするためには、納税通知により税額が確定していることが必要になります。そのため、被相続人の死亡時点で納税通知が届いていない場合、被相続人の事業の経費に計上することはできず、事業を承継する相続人の必要経費となります。

一方、納税通知が届いていない場合であっても、事業を承継する相続人が存在せず、事業そのものを廃止した場合は、以下の算式に基づき計算した見込額を確定申告に計上することが可能となります(所基通37-7)。

事業を廃止した年分の所得につき課税される事業税の見込控除の算式

(Ａ＋－Ｂ)Ｒ／１＋Ｒ

Ａ…事業税の課税見込額を控除する前の当該年分の当該事業に係る所得の金額

Ｂ…事業税の課税標準の計算上Ａの金額に加算し又は減算する金額

Ｒ…事業税の税率

もちろん、被相続人の事業は廃止したが、上記見込額による事業税の計上を行わなかった場合、後日、納税通知が届いた後、更正の請求を行うことも可能となります。

<４> 準確定申告の納税と還付

準確定申告を行う理由の一つは、１月１日から死亡時までの被相続人の所得を確定することにあります。つまり、本人に代わって相続人が申告を行い、所得税の確定を行うことが必要になります。

準確定申告の内容により納税額が発生した場合は、法定相続割合に応じて按分され、各相続人が納付を行うことになります。当該納税額は、相続税の申告の際に債務控除を行うことができます。

また、準確定申告において還付金が発生する場合は、納税の場合と同様に各相続人の法定相続割合に応じて受け取りますが、同時に被相続人の未収金として相続財産に該当します（還付金を受け取る場合、他の相続人から準確定申告用の委任状が提出されていれば、代表相続人がまとめて受領することも可能となります）。

もちろん、当該還付金額の多寡によっては、還付加算金が上乗せされた上で、還付を受ける場合があります。この還付加算金については、被相続人が死亡した後の申告行為によって事後に発生したものであるため、通常、各相続人の雑所得に該当することになります。

13 資産組換えコンサルテーション

＜1＞ 資産組換えコンサルテーションの目的

日本の資産家のなかでも、特に郊外の土地資産家（地主さん）は、相続税の観点で大変厳しい立場に置かれてきました。

相続財産の評価制度では、資産の流動性の低下とともに、実勢価格と比べた相続税評価も下がる傾向がありますが、郊外の地主さんの土地は例外であり、流動性リスクに対する評価減のメリットがほとんどありません。

このような状況で、都内近郊の土地資産家の資産保全のために行われてきたのが、資産組換えによるコンサルテーションです。

資産組換えのパターンは、下記の図のとおり主に３つに分けられます。

① 流動性が低く評価が実勢価格よりも高い土地から現預金に組換え
　⇒ 相続税の減少、流動性の向上が見込める

② 現預金から、評価が下がる収益不動産に組換え
　⇒ 相続税は減少するが、流動性は低下する

③ 収益不動産を、現預金に組換え
　⇒ 相続税は増加するが、流動性は向上する

郊外の土地資産家の場合、対策前の資産構成は左上が中心であることから、本項では最も多く行われている①と②を組み合せた対策について記載します。

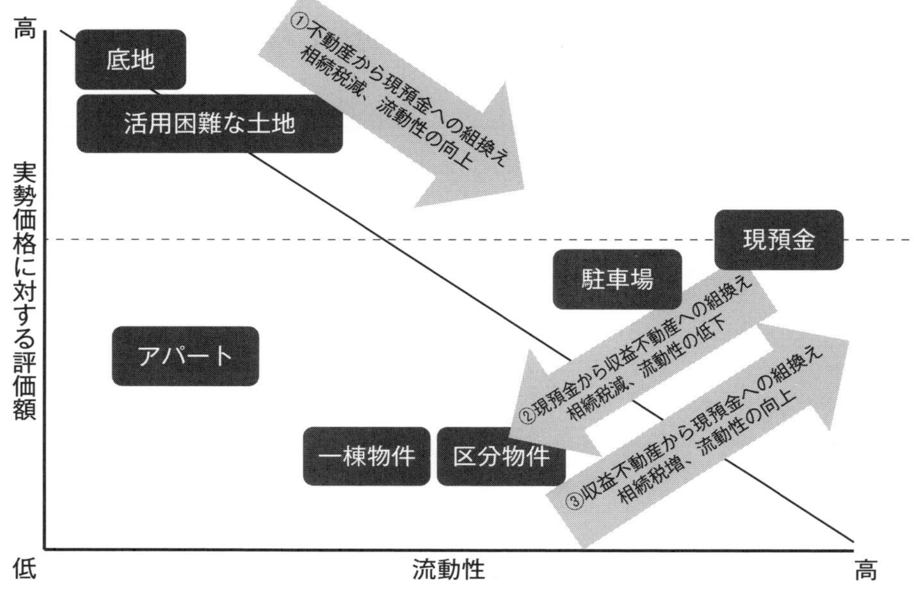

＜2＞　地主さんはなぜ土地を売らないか

地主とよばれる土地資産家は、先祖代々の土地を守るのが使命とされており、これを自ら売却するようなことがあれば、一族から厳しい批判を受けてきました。

しかし、唯一、土地を手放しても許されるのが相続の時であり、納税のためであれば、相続人は周囲に同情されつつ土地を換金することができました。

そして、もう一つ、地主さんが生前に土地を売りづらかった理由が、土地の譲渡所得税にあります。

先祖代々の土地を売却すると、ほぼ確実に、譲渡益が発生します。

しかし、相続後、相続税申告期限から３年以内の土地売却であれば、取得費加算の特例を使うことができ、相続税を土地の取得費に加算できました。

地主さんにとってメリットの大きい制度であり、制度の詳細は知らなくても、多くの方が「土地売却は相続後に行うのが得」という認識をされていたはずです。

しかし、平成26年度の税制改正によって、取得費加算の対象が、売却した土地にかかる相続税のみとなり、地主さんのメリットが大きく減少しました。

土地に係る相続税の取得費加算の縮減

平成 26 年度税制改正前までは、土地等については、譲渡した土地だけでなく、相続した全ての土地等に対応する相続税額を控除することができました。しかし、改正により平成 27 年 1 月 1 日以降に相続した土地については、他の相続資産と同様、譲渡した土地等に対応する相続税のみしか取得費に加算できないこととなりました。

相続後に土地ａを売却した例

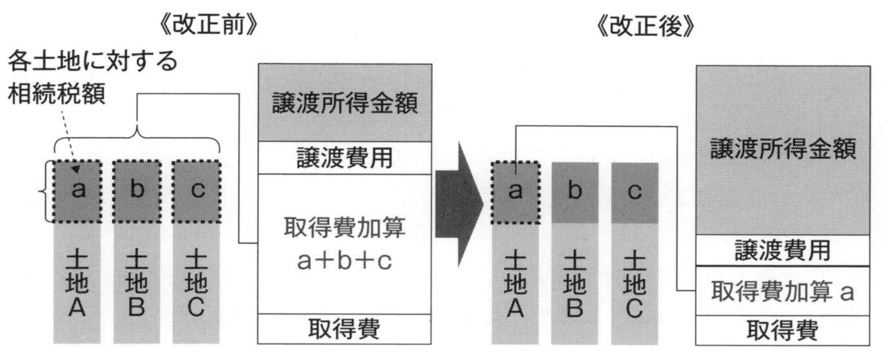

この改正によって、相続後に土地を売却するメリットは減少していますが、代々伝えられてきた「生前に土地を売ってはいけない」という意識は、大きく変わっていないのが実態です。

＜3＞　時価と評価の乖離

地主さんが相続において不利といわれる要因の一つが、土地の相続税評価の制度です。

わが国では、相続における土地の評価は「路線価×面積」が基本となっており、実勢価格の８割が路線価といわれてきました。

しかし、実態は、都心の高容積率の土地ほど、実勢価格と路線価の乖離が大きく、相続税評価において有利になっています。

都心の個人ビルオーナーの場合、貸家建付地評価や小規模宅地の評価の特例を適用することによりさらに評価が引き下げられ、実勢価格10億円のビルが、相続税の計算では１億円の評価になるケースもよく見られます。

一方、郊外の住宅地では、路線価と実勢価格の乖離が小さくなり、交通の便が悪い地域や土地の形状によっては、路線価と実勢価格が逆転する場合もあります。

賃貸物件を建てれば貸家建付地評価を適用できるものの、商業地に比べ借地権割合は低いため、事業リスクに見合った評価減の効果は得られません。

また、小規模宅地の評価の特例は面積に上限があるため、土地の単価が低い郊外の地主さんには不利となります。

郊外の地主さんが所有する実勢価格10億円の更地は、概ね、相続時においても10億円で評価されるイメージとなります。

上記の例では、同じ10億円の価値の不動産でも、ビルオーナーと地主さんでは10倍もの差が生じることになるのです。

なお、地主さんが所有する資産の中でも、特に時価と比較した相続税評価が高く、対策上の課題となっているのが貸宅地(底地)です。

住宅街の貸宅地は、適正価格で売却できる相手が借地人しかおらず、流動性が極めて低い資産となっています。

仮に、不動産業者に一括で売却する場合には、貸宅地の相続税評価額の３分の１～５分の１の価格になることもあり、実勢価格よりも相続税評価額が高い、代表的な資産といえます。

〈[参考] 都心一棟収益物件の相続税評価のイメージ〉

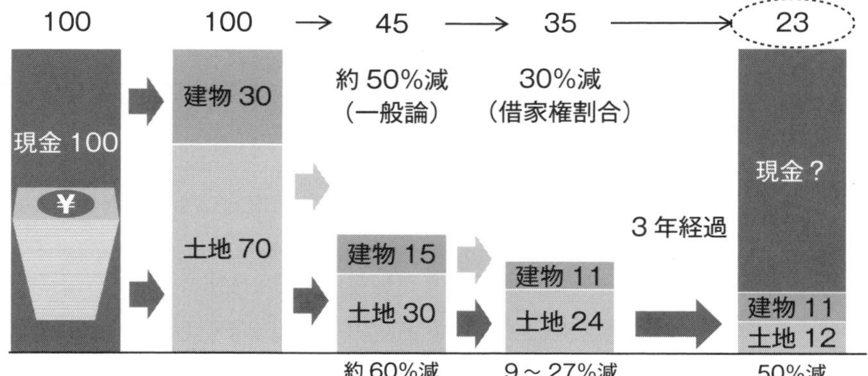

＜4＞　ROAの視点

そもそも、なぜ地主さんは、相続の度に土地を売却しなければ相続税を支払えないのか、その根本的な要因は、相続税評価額に対する利回り（ROA）の低さにあります。

東京の郊外の地主さん、課税遺産総額10億円のＡさんの例で考えてみましょう。

Ａさん（50歳）は、先祖から相続した広大な土地をもとに、アパートや駐車場の賃料で年間５千万円の収入がありました。地元の名士として、地域の一般家庭からは、羨望の眼差しで見られています。

しかし、実際の懐事情は意外と厳しく、アパートの借入金返済のほか、多額の固定資産税、所得税・住民税を納めると、手取りは１千万円程度しか残りません。

そこから、生活費を支払うと、年間400万円の貯蓄が精一杯です。

50歳で親から土地を相続し、80歳で亡くなると仮定すると、その30年間堅実な生活をして蓄えられるのがようやく１億２千万円です。

10億円の資産に対する、一次二次相続税の合計を３億円と仮定すると、相続税額の半分も貯められないことになるのです。

以上のことから考えると、地主さんの相続税対策における根本的な課題は、

①　資産の時価と相続税評価の乖離が小さいこと、

②　不動産賃貸業の収益では自分の代で相続税相当の資金を蓄えられないこと、

この２点と考えられます。

この地主さんの課題を克服するための方法が、所有資産の評価を引き下げつつ、収益性を上げる、資産の組換えとなります。この組換えにより、ROAを高めていく方法を考えてみましょう。

＜5＞　資産組換えの効果

地主さんの資産の組換えは、次のような流れで検討しています。

最初に、現状分析を行い、子孫に代々残していきたい土地と、手放しても良い土地に分け、後者を組換えの提案の対象とします。

駐車場など、権利関係がシンプルな更地であれば、戸建業者に入札形式で売却するのが一般的です。

買手はプロであり、情報が出回る懸念は少ないため、なるべく多くの業者に声を

かけて競争原理を働かせることが、高く土地を売るためのポイントです。

なお、底地や調整区域など、売却に時間がかかる土地の場合には、数年がかりで計画を立てて売却を実行していきます。

そして、適正な価格で売却ができれば、売却資金をもとに、都心の収益物件の購入を目指します。

その際、自己資金とともに、金融機関から一部借入を行うことで、レバレッジ効果を得ることが可能です。

相続税評価額2.5億円の土地を売却し、手取２億円と借入２億円の計４億円で収益物件を購入した場合のイメージが次の図になります。

〈資産組換えの事例〉

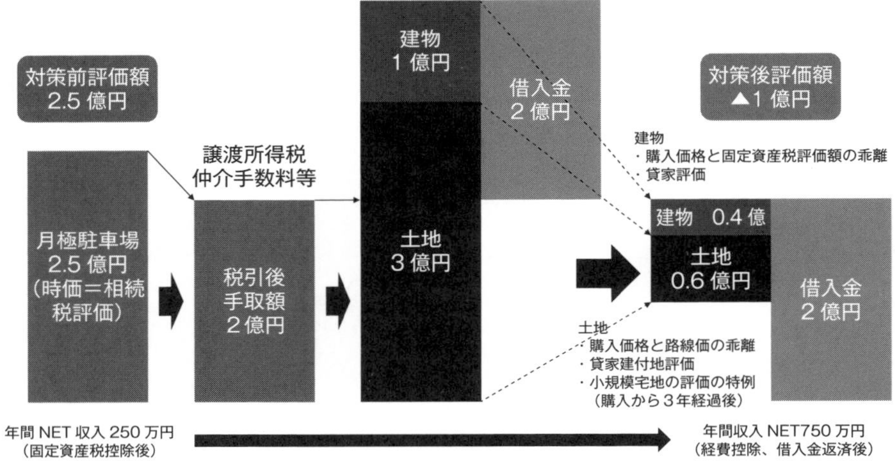

上記のように収益性の低かった郊外の土地を売却し、収益物件に組み換えることによって、評価の引下げと収益を上げる効果を得られます。

この資産組換えの効果は大きいのですが、収入が増えることにより、新たな所得税と相続税の課題が出てきます。

次の図のように、もともと所有資産の規模が大きく、所得が高かったご当主に、さらにビルの家賃収入が上乗せされることになりますから、概ね半分が所得税等となり、増えた賃料収入の半分しか貯まりません。

さらに、蓄えた税引後の預金に対し、相続時には相続税が課されますので、子世代に納税資金として残る額は、増加した賃料収入の４分の１程度となってしまいます。

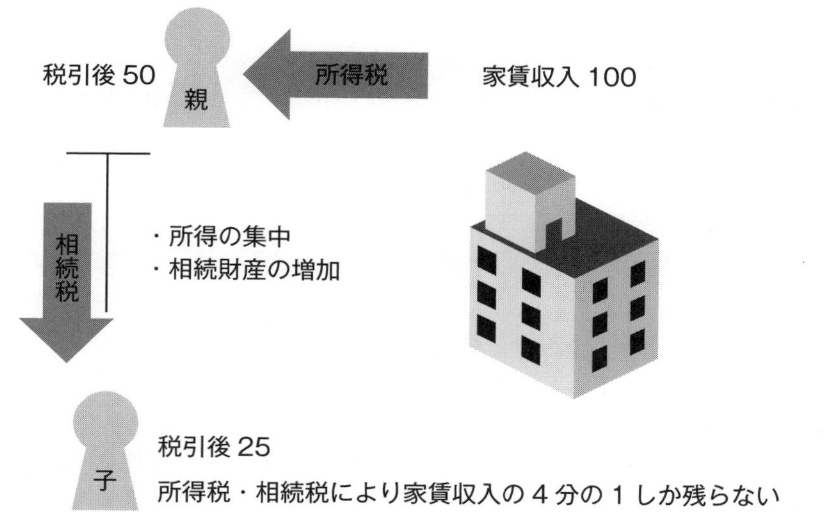

上記の課題を解決するためによく使われているのが、不動産管理法人(資産管理会社)です。

活用形態は複数のパターンがありますが、最大の効果は所得の分散にあります。

通常、地主さん一族の収入は、土地を持つご当主本人に所得が集中しますが、法人を経由して親族に役員報酬や給与を支払うことによって、ご家族全体の税率を引き下げる効果があります。

また、子世代に所得を分散することによって、親世代の資産と相続税の増加を防ぎ、子世代に納税資金を蓄える効果も得られます。

資産の評価を下げて、収益を上げ、法人の利用により下の世代で納税資金を蓄える仕組みを作ると、あとはご当主が長生きするほど、子世代の相続税の負担が軽減されます。

＜6＞　不動産市況の考え方

資産の組換えを検討するに当たり、現在の土地を売却するか持ち続けるのか、この判断の重要なファクターとなるのが、不動産市況です。

地主さんの所有する土地の多くは郊外にありますから、不動産市況全体を見るだけでなく、「都心の収益不動産」と「郊外の住宅用地」、大きく二つに分けて考える必要があります。

都心の収益不動産価格の特徴は、利回りによって評価されることにあり、景気・賃料相場・金利動向が価格に大きく影響します。

一般的に好立地の大型物件ほど取引の利回りが低くなり、金融商品に近い扱いをされています。

一方で、地主さんが所有してきた郊外の土地の多くは住宅地であり、戸建の分譲住宅が最有効利用となります。

自ら使用する人が購入することから、「収益」不動産に対して「実需」の不動産と呼ばれます。

郊外の戸建住宅は、住宅ローン減税や、住宅資金贈与などの政策によって需要が下支えされているものの、中長期的には人口とともに需要が減少し、価格も下落していくと考えるのが自然です。

このような状況から、活用が難しく収益性が低い郊外の住宅地は、生前に売却し、他の資産に組み替えることが、資産価値の維持という観点からも有効と考えられます。

留意点

以上のように効果の大きい資産の組換えですが、実行にあたっては、収益物件の収支や税務面のリスクを伴います。

アドバイザーの立場では、地主さんの土地を守りたいという心情と、経済合理性との間でどう折り合いをつけるか、クライアントとの日ごろからの信頼関係が重要になるでしょう。

子孫に土地を残すという目的から外れることなく、適度なリスクの範囲で資産の組換えをすすめることが重要と考えています。

14 富裕層国税タスクフォース

＜1＞　重点管理富裕層 PT の組成

国税庁は、平成29年度に全国各国税局に「重点管理富裕層 PT」を設置し、いわゆる富裕層を「有価証券・不動産等の大口所有者、経常的な所得が特に高額な個人」と定義し、富裕層調査に関する専門的なチームを組成しました。富裕層の具体的な判断基準は公にはなってないものの、年間所得金額が2,000万円を超え３億円以上の財産又は１億円以上の有価証券等を有する人が対象者となる「財産債務調書」の提出の有無を重要な判断要素としていると思われます。

＜2＞　租税条約等に基づく諸外国との情報交換制度（CRS）を活用

近年、経済社会がますます国際化している中で、「パナマ文書」「パラダイス文書」の公開や BEPS（税源浸食と利益移転）プロジェクトの進展などにより、国際的な租税回避行為に対して、国民の関心が大きく高まっています。

このような状況に対して、国税当局では、国外送金等調書や租税条約等[注１]に基づく諸外国との情報交換制度（CRS[注２]）を活用するとともに、必要に応じた職員の海外出張などの手段を講じることで、海外取引事案の適正公平な課税に向けた取り組みが進められています。

（注１）　租税条約等のネットワーク（租税条約等の数79、143か国・地域、2021.6.1現在）
https://www.mof.go.jp/tax_policy/summary/international/tax_convention/index.htm#a02

（注２）　非居住者の金融口座情報を自動的に外国税務当局と交換。令和２事務年度の CRS 情報の自動的情報交換では、日本の居住者に係る金融口座情報約219万件を84か国・地域の税務当局から受領するとともに、日本の非居住者に係る金融口座情報約65万件を69か国・地域に提供している。
https://www.nta.go.jp/information/release/pdf/0021001-087.pdf

不正事案としては、海外法人に対する多額の外注費の支払いについて、租税条約を締結している外国税務当局と連携し調査を進めた結果、その外注費は実際には全額支払われておらず、水増し計上されていたことが明らかになった等が挙げられます。

＜3＞　国外送金等調書制度

国外送金等調書制度とは、「内国税の適正な課税の確保を図るための国外送金等に係る調書の提出等に関する法律」に基づき、国外送金と国外からの送金及び受領に関して、金融機関は、１回当たり100万円を超える送金等について、調書を作成して税務署に報告する義務があります。その調書には、送金金額、送金理由、氏名、住所等が記載されます。

また、国外に送金又は資金の受領をする者は、金融機関にその理由を記載した告知書を提出しなければなりません。

＜4＞　海外資産関連事案に係る調査

国税庁は、平成29年度に納税者の資産運用の国際化に対応し、相続税の適正な課税を実現するため、相続税調査の実施に当たっては、租税条約等に基づく情報交換制度(CSR)を効果的に活用するなど、海外資産の把握を進めています。

資料情報や相続人・被相続人の居住形態等から海外資産の相続が想定される事案など、海外資産関連事案については、積極的な調査が実施されており、平成30・令和元事務年度の実績は以下の通りとなっています。

【海外資産関連事案に対する実地調査の状況】

項目 ＼ 事務年度等		平成30事務年度		令和元事務年度		対前事務年度比	
①	海外資産関連事案に係る実地調査件数		件 1,202		件 1,008		% 83.9
②	海外資産に係る申告漏れ等の非違件数	975	件 144	826	件 149	84.7	% 103.5
③	海外資産に係る重加算税賦課件数	117	件 8	106	件 25	90.6	% 312.5
④	海外資産に係る申告漏れ課税価格	340	億円 59	383	億円 77	112.6	% 132.2
⑤	④のうち重加算税賦課対象	29	億円 1	46	億円 11	157.5	% 1,172.9
⑥	非違1件当たりの申告漏れ課税価格（④/②）	3,491	万円 4,064	4,642	万円 5,193	133.0	% 127.8

（注１）　海外資産関連事案とは、①相続又は遺贈により取得した財産のうちに海外資産が存するもの、②相続人、受遺者又は被相続人が日本国外の居住者であるもの、③海外資産等に関する資料情報があるもの、④外資系の金融機関との取引があるもの等のいずれかに該当する事案をいう。

（注２）　左肩数は、国内資産に係る非違も含めた計数を示す。

（出典：令和元事務年度における相続税の調査等の状況（令和２年12月　国税庁）Ⅱ 調査に係る主な取組　２ 海外資産関連事案に対する調査状況より）

＜5＞　国際取引を活用した節税策

このように昨今は、国際取引を活用した節税策は、①国外財産調書制度、②租税条約等に基づく情報交換制度（CSR）、③重点管理富裕層 PT の組成等が税務当局により確実に進められていることから、以前のような租税回避スキームは現実的には不可能なものとなったといえます。

II 事業家編

1 専門家としての基本動作

事業家に対するコンサルテーションの書籍は多数ありますが、日本としての国際競争力強化に向けた度重なる税制改正により、所得税と法人税の基本税率の逆転現象が原因となって、これまでの内容が機能しなくなっています。

事業家たちが人生を賭けて事業経営を推進するに当たって、我々専門家としてのアドバイスもパッチワーク的なタックスマネジメントでは、もはや通用しません。

まずは本書冒頭にある全体マップを参照して下さい。事業家たるクライアントが、

「①現在、どこに位置しているか」、

「②そのクライアントのゴールはどう描いているのか」

を確認することからはじめましょう。

そうしませんと、この所得税と法人税の基本税率構造の逆転現象に加えキャピタルゲイン課税の観点から、全く方向感のないコンサルテーションに陥ってしまいます。

事業家たるクライアントが、「①どこに位置しているか」を認識して頂くことにより、タックスマネジメントの選択肢は明確になってきます。

そして、「②そのクライアントのゴールはどう描いているのか」という方向性と時間軸を確認し合うことにより、「退職金スキーム」の大切さが認識されます。また、MAを出口とするのか、上場を出口とするのか、若しくは事業承継を出口とするのかにより、自ずと会社の経営・運営方針の優先順位が大きく変わってきます。

2 タックスプランニング(基本編)

<1> タックスプランニングとは

(1)タックスプランニングとは

タックスプランニングとは、納税負担が過度に大きくならないようにするための計画です。タックスプランニングにより、税務コストの最小化、将来の納税額の把握、資金繰りの改善等を行うことができます。事業計画を行う上で必要な計画になります。

(2)タックスプランニングによる対策

税務コストの最小化や資金繰りの改善のために過度な節税を検討される場合があります。しかし、節税した結果、逆に将来の税務コストが増えたり、資金繰りを悪化させたりする要因となる場合もあります。

課税の繰延べには出口戦略を立てる必要がありますし、節税のためだけの不必要な出金は避けるべきです。またタックスプランニングはその時々の税制や税法に従った合法的な計画を立案すべきであり、将来のリスクを回避するためにもグレーゾーン(法の抜け道を使った)対策はしないことが重要です。

<2> 役員報酬調整

(1)役員報酬は３種類

法人が役員に対して支給する給与には「定期同額給与」、「事前確定届出給与」又は「業績連動給与」の３種類があり、いずれにも該当しないものの額は損金の額に算入されません

同族会社の役員に支給する給与を損金算入させるには、定期同額給与と事前確定届出給与であることが必要ということになります(業績連動給与は、非同族会社又は同族会社(非同族会社との間にその法人による完全支配関係があるもの)が、業務執行役員に対して支給する給与で一定の要件を満たすものが損金算入となります。)。

(2) 役員報酬調整はタックスプランニングに使えるか

定期同額給与は事業年度開始の日から３か月前を経過する日までに改定しなければなりませんし、事前確定届出給与の届出は株主総会の決議日から１か月を経過した日又はその会計期間開始の日から４か月を経過した日のいずれか早い日が届出の期限になります。

したがって、事業年度末の利益圧縮のための役員報酬調整は損金に算入されず、タックスプランニングの上でも、業績に貢献した役員のモチベーションアップに関しても有効ではありません。

(3) 事前確定届出給与は使い方次第

事業年度末に行う役員報酬調整は有効ではありませんが、事前確定届出給与は届出・支給の仕方によっては有効に使える場合もあります。

事前確定届出給与は、所定の時期に確定した額の金銭等を支給する旨の定めに基づいて支給するもの、すなわち、支給時期、支給金額等が事前に確定し、実際にもその定めの通りに支給される給与に限られます(法基通9-2-14)。

この届出通りに支給する給与は全額損金算入となり、届出通りに支給しなかった給与は全額損金不算入となります。「届出通りに支給しなかった」とは、支給時期・支給金額が届出と異なる(過大又は過少)場合と、まったく支給しなかった場合がありますが、いずれの場合でも届出通り支給しないことで罰則があるわけではありません。

そこで、会社は業績を予測し、事前確定届出により事業年度末に役員賞与を支給する旨の届出をしておきます。事業年度末の業績が当初の予測通りであれば、届出通り役員賞与を支給することで、タックスプランニングを有効に働かせることができます。

逆に業績が予測より大幅に悪化し、資金繰りにも悪い影響が出てしまう場合は、届出した役員賞与は支給せず、資金繰りに回すことも可能です。この場合、役員賞与は支給していませんので、損金不算入額は０円で、法人税額等に影響は及ぼしません。

また、届出通りに支給した役員と届出通りに支給しなかった役員がいても、全ての役員賞与が損金不算入になることはなく、個々の役員の給与毎に判断されます。

実務上の注意点としては、会社が届出通りに支給しない場合には、届け出た支給日より前に取締役会などで、該当する役員出席のもと、支給しない旨の承諾を得た議事録等を残しておくことも必要になります。

＜3＞　償却資産による対策

(1)償却資産の購入

償却資産の取得価額は、減価償却により耐用年数に応じて経費計上されていきます。

本来、減価償却は、費用収益対応の原則により、実際にその資産を事業の用に供して収益を生み出す期間の経費にするものです。しかし、経理処理方法や資産の種類によっては税制上の制度を選択することにより、計画的に減価償却を計上し、事業年度の所得を圧縮することができます。

(2)償却資産におけるタックスプランニング

・中古資産の購入は、耐用年数の短縮により法定耐用年数より短い見積期間での償却をすることができます。

・青色申告法人である中小企業者の30万円未満の資産の購入は、一定の要件のもと、その取得価額に相当する金額を損金の額に算入することができます。(適用を受ける事業年度における少額減価償却資産の取得価額の合計額300万円が限度)

・10万円以上20万円未満の資産の購入は、一括償却(３分の１償却)の選択できます。また、一括償却を選択した資産は償却資産税(地方税)も申告対象外になります。

・消費税は税抜き処理が有利です。資産の取得価額の判定は、税込み処理の場合は消費税を含み、税抜処理の場合は消費税を含まないで判定します。取得価額の(30万円未満等の)判定時は、税抜処理の方が有利になります。なお、免税事業者は税込処理になります。

・含み損のある不要な償却資産(固定資産)を売却又は廃棄することにより、損失を顕在化して節税ができると同時に資金確保もできます。廃棄の場合は実態確認が必要になりますので、廃棄の証明書等を保管しておく必要があります。

・決算書で利益が出ていない場合は、含み益のある資産を売却し、資金調達と共に当期利益を確保することができます。

・税務上の繰越欠損金が期限切れにならないよう、含み益のある資産の売却を計画的に行うことで、将来の納税負担の軽減を行うことができます。

・即時償却、特別償却は設備投資した初年度に大きな節税効果がありますが、翌事業年度以降は減価償却費が計上できません(特別償却の場合は減価償却費が少なくなる)ので、実際は課税の繰延べです。しかし、特に大きな利益が出た事業年度に即時償却や特別償却を計上することで、納税資金を軽減させ、余剰資金の確保をすることができます。

＜4＞ 小規模共済

(1)小規模企業共済の概要

小規模企業共済制度は、小規模企業の経営者や役員、個人事業主などのための、積み立てによる退職金制度です。掛金は全額を所得控除できるので節税効果があります。将来受け取る共済金は、「退職所得」として一括で受け取る方法や、「公的年金等の雑所得」扱いとして分割で受給する方法などあり、受取時の税制優遇も受けられます。

(2)メリット

・小規模企業の経営者が節税しながら退職金を積み立てることができます。
・掛金の全額が所得控除の対象となります。
・掛金月額は、1,000円から７万円までの範囲内(500円単位)で自由に選択でき、いつでも増額又は減額できます。
・掛金の掛止めをすることで、掛金納付を一定期間停止することもできます。
・いつでも解約でき、再加入も可能です。
・掛金は前納できます。前納した掛金は１年以内のものであれば控除することが可能で、最高で168万円の所得控除を受けることができます。
・共済金等の受取方法は、「一括受取り」「分割受取り」「一括と分割の併用」の３種類から選べます。
・契約者は掛金の範囲内で、事業資金の借入れが可能です。

(3)デメリット(注意点)

・掛金納付月数が、240か月(20年)未満で任意解約をした場合は、掛金合計額を下回り元本割れしてしまいます。
・共済金は、掛金納付月数が６か月未満の場合は、共済金Ａ(個人事業の廃業や法人の解散等)、共済金Ｂ(老齢給付等)は受け取れません。また、12か月未満の場合は、準共済金(個人事業の法人成りによる資格喪失等、法人の65歳未満での役員退任等)、解約手当金(任意解約、滞納による機構解約、個人事業の法人成りによる資格喪失等)は受け取れません。

(4)共済金の税務上の取扱い

共済金の受取方法は「一括受取り」(退職所得)を選択することで、退職所得控除により税負担が大きく軽減されます。

また、「分割受取り」は雑所得となりますが、公的年金控除があるので税負担の軽減につながります。

以下は、受取方法による税法上の取扱いです。

受取方法	税法上の取扱い
共済金を一括で受け取る場合	退職所得
共済金を分割で受け取る場合	公的年金等の雑所得扱い
共済金を一括・分割併用で受け取る場合	(一括分)退職所得扱い (分割分)公的年金等の雑所得扱い
遺族が共済金を受け取る場合(死亡退職金)	(相続税法上)みなし相続財産
65歳以上の方が任意解約をする又は65歳以上の共同経営者が任意退任をする場合	退職所得扱い
65歳未満の方が任意解約をする又は65歳未満の共同経営者が任意退任をする場合	一時所得扱い
12か月以上の掛金の未払いによる解約(機構解約)で解約手当金を受け取る場合	一時所得扱い

(5)小規模企業共済の相続時の節税メリット

共済契約者の死亡時に遺族が共済金を受け取る場合には、みなし相続財産(死亡退職金)となります。これには、「500万円×法定相続人の数」という非課税枠があり、大きな節税効果があります。

ただし、共済契約者の死亡共済金の受給権順位は、民法とは異なり、小規模企業共済法に規定されています。第１位は配偶者(内縁関係者)で、第２位は子と続き、生命保険金のように受取人を指定できないため、二次相続対策等に影響が出る場合がありますので注意が必要です。

＜5＞　倒産防止共済（経営セーフティ共済）

(1) 倒産防止共済の概要

中小企業が連鎖倒産や経営難に陥ることを防ぐための制度で、無担保・無保証人で借入れでき、掛金は損金又は必要経費に算入できる税制優遇も受けられるため決算対策に有効な制度です。

(2) メリット

・幅広い業種の中小企業をカバーしています。
・掛金は法人の場合は全額損金、個人の場合は全額必要経費に算入できます。
・掛金上限は月額5,000円から20万円までで自由に選択できます。総額800万円に達するまで積立可能です。
・月額はいつでも変更可能（減額の場合の理由は必要）で、最低月額は5,000円です。
・いつでも解約でき、再加入も可能です。
・解約金は掛金納付月数が、12か月以上で受け取れ、40か月以上で100％（満額）受け取れます。
・前納掛金は前納期間が１年以内であるものは、支払期の損金又は必要経費として算入できます。
・無担保・無保証人で積立金額により借り入れが可能です。

(3) デメリット（注意点）

・法人設立１年目は加入できません。
・個人事業の場合、掛金は事業所得以外の収入（不動産所得等）の必要経費にはなりません。
・ゆうちょ銀行、農協、ネット専業銀行などは、窓口として利用できません。
・法人の損金算入には、法人税申告書別表十（七）「特定の基金に対する負担金等の損金算入に関する明細書」（部分）と「適用額明細書」を確定申告書に添付する必要があります。
・個人の必要経費算入には、「中小企業倒産防止共済掛金の必要経費算入に関する明細書」（任意の様式）を作成し、確定申告書に添付する必要があります。

・解約金は収益計上するため、タイミングに注意が必要です。個人事業主は自身の退職金を計上できませんので出口戦略が立てづらくなります。

(4)倒産防止共済の掛金によるタックスプランニング

倒産防止共済は掛金が全額損金になり、前納することにより事業年度末の節税対策に有効です。

掛金の額は月額5,000円～20万円(総額800万円まで)なので、最高で年間240万円(20万円×12か月)の掛金を損金(必要経費)として計上することができます。

また、倒産防止共済は前納制度があり1年以内の任意の月数分前払いすることが可能ですので、その前納日の属する事業年度にその前納額を損金にすることができます。前納分と合わせて初年度は最高480万円(240万円+240万円)を損金算入することができます。

(新規加入する際の注意点)

掛金の支払いを口座引き落としに設定すると、申込月の翌々月の27日が初回の引落としになりますので、年度末における新規加入時の支払いは金融機関で振込みをすることが確実です。

(前納2年目以降の注意点)

初年度に前納した場合でも翌年は自動的に月払いになります(中小機構からお知らせが届きます)。翌年も前納を希望する場合は、「前納申出書」を前納したい月の5日までに中小機構が受理できるよう、金融機関に提出する必要があります。

(5)解約金を受け取るタイミングに注意

倒産防止共済の解約は、納付月数が12か月未満の場合、解約手当金はありません。また、納付月数が40か月未満の場合は、受け取れる金額は掛金より少なく(元本割れに)なります。

また、倒産防止共済は一部だけ解約することはできず、解約金は全額収益計上されます。中小法人については、800万円以下の所得金額の部分には軽減税率が適用されますので、積立上限800万円を黒字の事業年度に解約すると軽減税率を超える税率で課税されます。その金額が、掛金を損金としてきた積立年度の節税効果を超える納税額になる場合も考えられます。

そこで、大きな損失の生じたタイミングで解約することが節税に繋がりますが、業績が好調な場合においては、退職金や大規模修繕などの大きい支出のあるタイミングで解約することを検討するべきでしょう。とはいえ、そのまま有事に備えながらも任意解約のタイミングを待つこともできますのでタックスプランニングに有効な制度です。

留意点

・倒産防止共済の掛金支払い時の会計処理は、保険料勘定で損金計上しておくより、実際の積立金額の把握(備忘)のためにも、「積立金」又は「倒産防止共済」(投資勘定)として資産計上し申告調整しておくと便利です。この方が、積立金が簿外資産にならず決算書の見栄えも良くなります。

・掛金は全額損金になりますが、掛金の積立上限は800万円です。節税対策で検討する場合、上限までの残額の把握は必須になります。

3 タックスプランニング（応用編）

＜1＞ 役員給与の減額

新型コロナウイルス感染症の影響で、予定していた収入が大幅に減少し、毎月の家賃や従業員の給与等の支払いが困難になると、役員給与の減額を行うことが想定されます。

通常、法人税では年度の中途で役員給与を減額した場合、定期同額給与に該当せず、損金算入が認められない部分が生じます。しかし、新型コロナウイルスを原因とする業績悪化改定事由による役員給与減額は、改定事由（法法34①一、法令69①一ハ）による改定に該当するため（法基通9-2-13）、年度途中に減額して期末まで減額後の定額役員給与を支給した場合も、すべて損金算入することができます。

＜2＞ 賃貸物件のオーナーが賃料の減額を行った場合の税務処理

（1）法人税の処理

新型コロナウイルス感染症の影響により、賃貸物件のオーナーが賃借人より復旧支援のために賃料の減額を求められるケースが想定されます。通常、賃借人に対して合理的な理由なく賃料の減額を行うと、減額前の賃料と減額後の賃料の差額について税務上、寄付金を支出したものとして扱われるため、損金算入できない部分が生じます（法法22③④、37）。しかし、新型コロナウイルス感染症の影響で賃借人の業績が悪化し、その復旧支援を目的とする、などの一定の要件下で、賃借人に対して賃料の減免を行う場合、実質的に取引先との条件の変更と考えられるので、寄附金として取り扱われず損金算入できます（法基通9-4-6の２、措通61-4(1)-10の２）。この取扱いは、テナント以外の居住用物件や駐車場などの賃貸借契約にも適用できます。

この規定の要件は次の３つです。

イ　取引先等において、新型コロナウイルス感染症に関連して収入が減少し、事業継続が困難となったこと、又は困難となるおそれが明らかであること

ロ　賃料の減額が、取引先等の復旧支援（営業継続や雇用確保など）を目的としたも

のであり、そのことが書面などにより確認できること

ハ　賃料の減額が、取引先等において被害が生じた後、相当の期間(通常の営業活動を再開するための復旧過程にある期間)内に行われたものであること

(2)家賃の消費税の処理

消費税は令和元年10月1日より8%から10%に改定されましたが、平成31年3月31日までに資産の貸付の契約を結べば10月1日以降の契約期間まで8%の経過措置の適用を受けることができます。ただし、この経過措置の適用を受けている会社が、指定日(平成31年4月1日)以後に貸付の対価を変更した場合には、本来なら経過措置の適用ができなくなると規定されています。

しかし、今回の新型コロナウイルス感染症に関連した一定の「正当な理由にもとづく変更」であれば契約期間内は引き続き8%の経過措置を適用できます(法令解釈通達「正当な理由による対価の増減」、国税庁 FAQ 問12　賃料の減額を行った場合の消費税率等の経過措置について)。

例えば平成30年11月1日から令和2年10月31日の2年間につき、法人オフィスの賃貸契約を結んでいた場合、消費税の指定日(平成31年4月1日)前に締結した契約なので、一定の要件に該当するものは、消費税法の経過措置が適用されて令和2年10月31日分まで旧税率の8%が適用されます。さらに新型コロナウイルス感染症の影響により、オーナーが指定日以降に賃借人に賃料の減免を行ったとしても、契約期間の令和2年10月31日分までは引き続き8%の経過措置が適用されるのです。

<3>　欠損金の繰戻還付の特例

資本金が1億円を超える法人は、これまで欠損金の繰戻還付の適用ができませんでしたが、新型コロナ禍において、資本金の額が1億円超10億円以下の法人も、これを利用することができるようになりました(新型コロナ税特法7)。ただし、大規模法人(資本金の額が10億円を超える法人など)の100%子会社及び100%グループ内の複数の大規模法人に発行済株式の全部を保有されている法人等はこの限りではありません。この特例は令和2年2月1日から令和4年1月31日までの間に終了する事業年度に生じた欠損金額につき適用されます。

＜4＞　災害欠損金に該当するもの

災害により生じた棚卸資産、固定資産又は一定の繰延資産について損失がある場合には、法人税の繰戻し還付制度を利用して過去に収めた法人税等の還付を受けることができます。そして新型コロナウイルス感染症に関連した、下記の出費は災害損失欠損金に該当します。

①飲食業者等の食材（棚卸資産）の廃棄損
②感染者が確認されたことにより廃棄処分した器具備品等の除却損
③施設や備品などを消毒するために支出した費用
④感染発生の防止のため、配備するマスク、消毒液、空気清浄機等の購入費用
⑤イベント等の中止により、廃棄せざるを得なくなった商品等の廃棄損

＜5＞　法人が給付金、補助金等をもらうときの会計処理、税務処理

(1)法人税の処理

持続化給付金、家賃支援給付金、感染拡大防止協力金、雇用調整助成金、その他新型コロナウイルスに関連して法人が補助金や給付金等を受けるケースが多くなってきましたが、発生月は法人が支払通知書を受け取ったタイミングであり、給付を受けた月ではありません。

（通知書到達時の仕訳）
未収入金×××／雑収入×××
（入金時）
普通預金×××／未収入金×××

(2)消費税の処理

消費税は課税対象外となります。

＜6＞　簡易課税制度の適用

簡易課税を選択している会社が、新型コロナウイルス感染症の影響で感染拡大防止のために緊急な課税仕入れが生じると、簡易課税を継続すると支払いが多くなっ

てしまうケースも想定されます。本来なら、課税期間中に簡易課税の適用をやめる(受ける)ことはできません。しかし、消費税法第37条の２「災害があった場合の中小事業者の仕入れに係る消費税額の控除の特例の届出に関する特例」に基づき、納税地の所轄税務署長の承認を受けることにより課税期間の開始後であっても、簡易課税制度の選択をやめる(又は選択する)ことができます(災害等による消費税簡易課税制度選択(不適用)届に係る特例承認申請手続)。

<７>　消費税の課税事業者の選択

新型コロナウイルス感染症等の影響により、令和２年２月１日から令和３年１月31日までのうち任意の１か月以上の期間の事業としての収入が、著しく減少(前年同期比概ね50％)している事業者は税務署長に申請し承認を受けることで、課税期間開始後であっても、消費税の課税事業者を選択する(やめる)ことができます(新型コロナ税特法10①②、新型コロナ税特法通２)。また本特例により課税事業者を選択する(又はやめる)場合、２年間の継続適用要件等は適用されません。

なお、課税事業者の選択をやめる場合であっても、納税義務が免除される事業者は、その課税期間の基準期間における課税売上高が1,000万以下の事業者等です。ただし、特定期間における課税売上高が1,000万円を超える場合等には、納税義務が免除されない場合があります。

<８>　納税義務の免除の制限を解除する特例

新型コロナ特例の対象者は、税務署長の承認を受けることにより、次の①～③の場合における納税義務の免除の制限が解除されます(新型コロナ税特法10④～⑥)。

①　新設法人等が基準期間のない各課税期間中に調整対象固定資産を取得した場合

②　高額特定資産の仕入等を行った場合

③　高額特定資産等について棚卸資産の調整措置の適用を受けることとなった場合

<９>　そ　の　他

上述した以外に、新型コロナウイルス感染症緊急経済対策における法人の税制上の措置には、以下のもの等があります。

① 納税の猶予制度の特例
② テレワーク等のための中小企業の設備投資税制
③ 特別貸付けに係る契約書の印紙税の非課税

参考ウェブサイト

国税庁 HP

・国税における新型コロナウイルス感染症拡大防止への対応と申告や納税などの当面の税務上の取扱いに関するFAQ
https://www.nta.go.jp/taxes/shiraberu/kansensho/faq/index.htm

・新型コロナウイルス感染症緊急経済対策における税制上の措置
https://www.nta.go.jp/taxes/shiraberu/kansensho/keizaitaisaku/index.htm

・新型コロナ税特法に係る消費税の特例に関するQ&A（令和２年４月）
https://www.nta.go.jp/taxes/shiraberu/kansensho/keizaitaisaku/shouhi/index.htm

4 生命保険の活用と留意点

＜1＞ 生命保険とは

生命保険は、大きく「死亡保険」「生存保険」「生死混合保険」の３種類に分類されます。まず「死亡保険」は、被保険者が死亡や、約款に定められた高度障害になったときに保険金が支払われる保険契約を指します。次に「生存保険」は、被保険者が保険期間満了後に生存していた場合に保険金等が支払われる保険契約を指します。そして「生死混合保険」は、死亡保険と生存保険が組み合わされた保険契約を指します。

生命保険はこのように分類することができますが、本稿においては、こうした保険の詳細な説明は一旦置いておき、(事業者を含む)個人や法人が様々な場面でどのような保険を使い、どういった節税を行うことが可能となるか、以下解説を行います(節税という表現は様々な捉え方ができますが、ここでは、保険契約等を利用し、税法において認められる範囲内での節税を表現しています。)。

＜2＞ 個人の現状

令和３年現在、我が国の所得税は分離課税に対するものを除くと、５％～45％の累進税率を採用しているため、所得金額が高くなればなるほど、税負担が重くなる仕組みとなっています。

平成23年分以降の所得税においては、「所得控除から手当へ」という観点から、扶養控除においては年少扶養親族が創設され、16歳未満の扶養親族については、扶養控除は廃止され、16歳から18歳までの特定扶養親族に対する扶養控除の上乗せ部分も廃止されました。もちろん、所得金額によっては児童手当の支給を受けることができますが、所得の高い富裕層にとっては、所得制限を受けることにより特例給付を受ける場合を除き、児童手当の支給が制限されています。また、平成30年分以降は、合計所得金額が1,000万円超の者については、配偶者控除の適用を受けることができなくなりました。さらに、給与所得者の給与所得控除についても、控除の上限金額が年々引き下がり、令和２年分以降の給与所得控除については、195万円が上限となっており、高所得者の間で重税感が高まってきています。

また、相続税については、平成26年以前は基礎控除額が「5,000万円＋（法定相続人×1,000万円）」とされていましたが、平成27年１月以降「3,000万円＋（法定相続人×600万円）」と改正されたため、相続税の申告が必要となる者が増えました。

(1)生命保険の支払に応じた所得控除を活用する

近年の税制改正は、富裕層などの高所得者にとっては増税傾向にあるため、現在使われていない所得控除の活用を考えることで、節税の幅が広がることがあります。その一つが、保険料控除の見直しになります。もちろん、保険そのものは、保障を受けることが前提であるため、所得控除の有無や範囲を考えて契約する人は少数かと思います。それでも、マイナス金利の現在においては、預金口座に現金を預けていても高い利息を望むことは難しいため、こうした所得控除の範囲を見直して、有効活用することが必要となります。

①　保険料控除の種類

イ　平成23年12月31日以前の契約の場合

「一般の旧生命保険料控除」「旧個人年金保険料控除」

所得税の控除額上限は各５万円の合計10万円

（住民税の控除額上限は各3.5万円の合計７万円）

年間の支払保険料等	控除額
25,000円以下	支払保険料等の全額
25,000円超　50,000円以下	支払保険料等×1/2＋12,500円
50,000円超　100,000円以下	支払保険料等×1/4＋25,000円
100,000円超	一律50,000円

出典：表は国税庁ホームページ（タックスアンサー）より

ロ　平成24年１月１日以後の契約の場合

「一般の生命保険料控除」「個人年金保険料控除」「介護医療保険料」

所得税の控除額上限は各４万円の合計12万円

（住民税の控除額上限は各2.8万円の合計8.4万円）

年間の支払保険料等	控除額
20,000円以下	支払保険料等の全額
20,000円超　40,000円以下	支払保険料等×1/2＋10,000円
40,000円超　80,000円以下	支払保険料等×1/4＋20,000円
80,000円超	一律40,000円

出典：表は国税庁ホームページ(タックスアンサー)より

これらの控除を毎年使うことで、所得税と住民税の圧縮を図ることが可能となります(課税される所得金額が高ければ高いほど、節税効果が高くなります)。

個人年金保険は、税制上、個人年金保険料控除に該当するものと、該当しないものに分かれます。新規で加入される場合、保険会社へ税制上の個人年金保険料控除に該当するか否か加入前に確認を行うことが必要になります(最近では、日銀によるマイナス金利政策の影響から、円建てでは保険会社の運用益が上がらないため、個人年金保険についても、外貨建てによる商品が増える傾向にあります)。

(2) iDeCo を使う

① 制度の概要

iDeCo（個人型確定拠出型年金)とは、国が創った個人型年金制度であり、60歳までの間、毎月積立を行うことで節税もしつつ、老後の資金準備が行える、私的年金制度の一つです。自分で運用先を選択することができるため、加入される方が増えてきています。

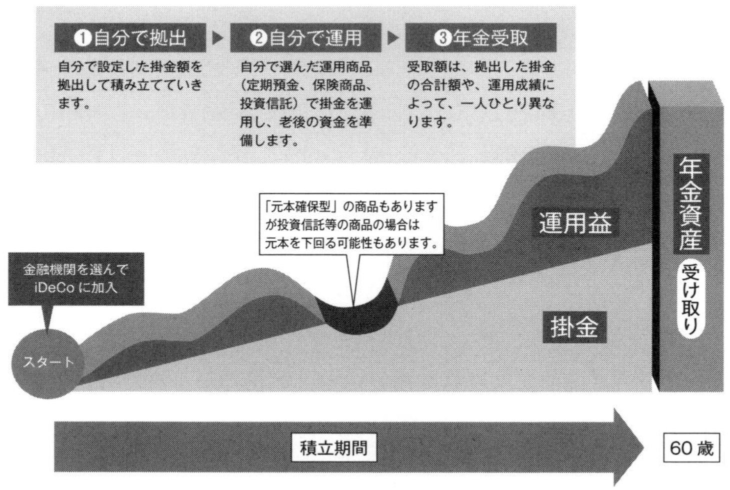

（出典）　厚生労働省ホームページをもとに作成
https://www.mhlw.go.jp/stf/seisakunitsuite/bunya/nenkin/kyoshutsu/ideco.html

②　運用方法

イ　自分で拠出

自分で設定した掛け金を拠出します。掛け金は途中で変更もできます。

ロ　自分で運用

自分で運用先を決めて、運用の指示を行います。

運用委託先においては手数料が発生するため、どこに依頼するのか事前に確認しておくことが必要になります。

（注）　元本確保型の商品ばかりでなく、選択する商品によっては、元本を下回る可能性もあります。

ハ　年金の受取り

今まで拠出した金額ではなく、運用実績により受け取る金額がそれぞれ異なります。

③　対象者ごとの拠出限度額

イ　自営業者等

月当たり68,000円(注)

（注）　国民年金基金の掛け金、又は国民年金の付加保険料を納付している場合は、

それらの額を控除した額

ロ　厚生年金保険の被保険者

(イ)　厚生年金基金等の確定給付型の年金を実施している場合

月当たり12,000円

(ロ)　企業型年金のみを実施している場合

月当たり20,000円

(ハ)　企業型年金や厚生年金基金等の確定給付型の年金を実施していない場合

次の(ニ)を除く

月当たり23,000円

(ニ)　公務員、私学共済制度の加入者

月当たり12,000円

ハ　専業主婦(夫)

月当たり23,000円

④　給付を受ける際の課税関係

イ　年金として受給した場合

公的年金等控除の対象となります。

ロ　一時金として受給した場合

退職所得控除の対象となります。

このように、掛け金拠出時には全額所得控除を受けることができ、かつ、給付を受ける際の課税に関する取扱いについてもメリットが多い制度となっています。老後資金の問題が取り沙汰されている昨今においては、とりわけ大きな注目を集めています。

iDeCo以外に、事業主や会社の役員等について支払額の全額が所得控除の対象となる小規模企業共済や、事業の経費とすることが可能な中小企業倒産防止共済(経営セーフティネット)等がありますが、これらについてはⅡ-2タックスプランニング(基本編)＜4＞＜5＞をご参照下さい。

(3)生命保険金を使った相続税非課税枠の活用

相続に際し、被相続人の死亡により生命保険金を受け取る場合、一定範囲の非課税枠(法定相続人×500万円)を使うことできます。そのため、法定相続人の人数が多ければ多いほど、当然、非課税となる金額の枠も増えることになります。

例えば、被保険者の加入時の状況にもよりますが、一時払いの保険に加入し、現金を保険契約に変えておくことによって、相続税の圧縮を図ることができます。つまり、相続の際に現金のままでは全額課税対象となるが、一部を保険契約に変え、非課税枠を利用することで、相続税額そのものの負担が減ることになります。相続税の最高税率は55%であるため、相続の対象となる財産の額が多ければ多いほど、相続税額の圧縮効果は高くなります。

※　遺産分割の対象となる通常の相続財産とは異なるため、保険金の受取人を指定しておくことによって、無用な相続争いも回避することが可能となります。

<3>　個人事業者の現状

個人事業者の場合、事業活動で得られた所得から、青色申告特別控除(最大65万円)を差し引いた残額に対し、各種所得控除を行い、課税額を算出することになります。個人事業者の場合、自身へ給与を支給し経費とすることができないため、所得金額の調整を行うことが困難な状況にあります。(その一方で、事業に専従している家族従業員については、青色専従者の届出を事前に提出しておくことによって、家族に対し支給を行った給与についても、事業の経費とすることが可能となります。)

家族以外に、他人の従業員も雇うことがあり、一般的な会社等と同様に、従業員の福利厚生のために支出を伴う金額を経費とすることが可能となります。

(1)全従業員を対象とする養老保険への加入を行う

例えば、契約者・満期保険金・解約払戻金の受取人(個人事業主)、被保険者(従業員)、死亡保険金の受取人(従業員の遺族)とする養老保険に全従業員が加入します。もちろん、これらの契約は、個人事業者の場合、養老保険契約の目的が従業員の退職金の原資となることや、福利厚生を目的としていることが必要であり、保険への加入時点で従業員も保険の契約内容に同意しているなどの条件も必要となります。

これらの条件を満たすことにより、支払保険料の２分の１を資産に計上し、残りの２分の１については必要経費とすることが可能となります。

<判例・裁決例の紹介>

個人で医院を経営する納税者は、福利厚生を目的として、雇用する従業員を被保険者とする保険契約（養老保険契約及びがん保険契約）の一部を費用として確定申告をしていたところ、課税庁より必要経費とは認められないとして否認されたため、当該保険契約の経費性について争われた事例があります。（広島高判平成28年４月20日（税務訴訟資料266号順号12846）、広島地判平成27年７月29日（税務訴訟資料265号順号12705））

当該裁判所は、養老保険契約の満期払戻金、がん保険契約の保険金及び給付金の受取人が従業員や従業員の親族ではなく納税者であり、納税者が受領した金員を従業員に支払うという制度が存在しないことや、保険契約の解約払戻金や満期払戻金が退職金規程に基づく支給予定の退職金を超え1.9倍以上となっていることなどから、当該保険契約は、実質的に自己資金を留保し、保険料を必要経費にしつつ、多額の解約払戻金等を見込んで締結しており、家事関連費に該当するとして、事業の必要経費に算入することはできないと判示しました。

※　個人事業者が従業員を被保険者とする保険に加入する際には、福利厚生目的で、従業員の退職金規定の整備がされており、かつ、全従業員が加入の対象になっているかどうかといった確認を行うことが必要となります。

(2)新型コロナウイルス感染症と保険契約

新型コロナウイルス感染症は、令和３年６月現在、SARSやMERSなどと同じ指定感染症２類相当に該当しており、隔離が必要とされています。隔離の際には、病院などへの入院が想定されていますが、感染者の増加に伴い、軽症者は指定されたホテルなどに一定期間隔離される形が取られています。

このように、病院への入院やホテルでの隔離となった場合、その間、仕事を継続することはできず、業務そのものが滞ることになります。サラリーマンはもちろん、個人事業者や会社の経営者等の場合も、業務が滞ることによる損失は計り知れず、何らかの形での補填が必要になります。

新型コロナウイルスの感染による保険会社の取扱いはそれぞれ異なります。生命保険に限っていえば、入院もしくは死亡による支給が前提となりますが、自宅療養者の急増に伴い、保険会社によっては、入院に至らない場合であっても、保険金支給の対象となる場合もあります。新型コロナウイルス感染症による入院について対象としている保険の中には、一時金で20万円の支給と、災害入院一時金でさらに20万円の合計40万円が支給されるような保険もあります(注)。こうした保険に加入しておけば、少なくとも、逸失した利益の一部分の補填を行うことができるため、個人事業者や会社経営者などを中心に、現在、注目を集めています。

（注） 保険会社によっては、感染症に対応できるプランなどが用意されており、入院一時金保険等の最高額が高く設定されているタイプの保険商品があります。

もちろん、保険に加入し責任開始日から一定期間内において発病した場合は、保障の対象とはならず、保険金そのものが支給されない場合があります。そのため、保険に加入する場合、こうした免責事項の有無や自身の健康状態の確認を行うことが必要となります。

今後の問題点としては、令和３年６月現在、新型コロナウイルス感染症は、指定感染症２類相当となっている点はすでに述べた通りですが、将来的に指定感染症の扱いをインフルエンザ等と同じ指定感染症５類相当に引き下げられる可能性がある点にあります。仮に、指定感染症５類相当に引き下げられるか、又は指定感染症そのものから外れた場合、隔離自体が必要とされなくなります。つまり、新型コロナウイルス感染症に感染した場合であっても、症状が悪化し入院が必要とされないかぎり、入院に伴う各種保険金は支払われないこととなります。

新型コロナウイルス感染症が指定感染症２類相当とされている間においては、入院費用は全額公費で負担する形となりますが、感染症の指定が下げられるか、又は感染症の指定から外された場合、公費での負担が継続されるか否かは定かではありません。

そのため、保険の加入に際しては、こうした点にも予め考慮に入れたうえで検討することが必要になります。

＜4＞　法人の現状

保険に関する税制改正は定期的に行われており、法人が加入する生命保険等についても令和元年に取扱いが大きく見直されました。これにより、新たに契約を行うものから規制を受けることとなりましたが、税制改正以前に加入していた保険については、遡及を受けることは回避されました。

令和元年の税制改正以前の保険契約は、全額損金となり、かつ解約払戻率の高い保険商品が中心となっていたため、課税額を繰り延べることが可能な、節税効果の高い商品となっていました。税制改正以後は、保険料の年額や解約払戻率に一定の制限を設ける形で、全額損金の取扱いが一部残されることとなりました。

(1)逓増定期の廃止に伴い、全額損金となる保険の活用範囲は狭まったが、一定の範囲において損金算入可能な保険契約を活用する

令和元年7月8日以降の契約に係る保険料の損金算入規制が行われ、第三分野保険の保険料については、同年10月8日以後の契約に係る保険料の損金算入規制が行われました(養老保険・終身保険・年金保険は、従来の取扱いが適用されます)。

こうした改正に伴い、過去の契約について遡及されることはありませんでしたが、改正以後の新規契約については、最高解約返戻率が70%以下で、かつ、年換算保険料相当額が30万円以下の保険に係る保険契約など、一定の要件を満たした場合に、損金算入が認められることになりました(法基通9-3-5)。

従来の保険は、役員等を中心に高額な保険を掛けたうえで、全額損金にすることができ、かつ高い割合で解約払戻金を受けることが可能となるタイプの保険商品が多く存在しました。しかし、こうした保険については、課税の繰延べを主目的としている保険商品であるとして、従前から批判を受けてきました。

今回の改正により、損金に算入できる年換算保険料は被保険者1人当たり30万円までと抑えられていますが、その一方で、年換算保険料の額は会社ごとに判断することができるため、複数の会社で役員に就任している者については、それぞれの会社において保険に加入することが可能となります。中小企業であっても、複数の会社を経営するケースが増えており、使い方によっては有効活用が可能であるケースが想定されます。

また、役員だけでなく、全従業員が加入することで、従業員の福利厚生にも役立つうえ、一定の範囲内における節税効果も望めます。

このように、税制改正のポイントを踏まえたうえで、どのような種類の保険に加入するか個別具体的な検討を行うことで、必要な保障の確保と節税の両立を図ることが可能となります。

(2)法人保険の名義変更により有利に保険契約を個人に移転する

法人が契約する保険には、低解約払戻のものや、医療保険などを挙げることができます。こうした保険は一定期間の支払いが完了した後、個人の名義に変更することが可能であり、節税効果も期待できます。

①　逓増定期保険（現在では新規引受不可）

解約払戻金の払戻率が低い期間に、法人から個人に名義変更を行うことで、買い取り資金を少なくすることができます。そのうえで、解約払戻率が高い期間に、保険を解約し払戻金を受け取ることが可能となります（個人が受け取る解約払戻金は一時所得となるため、税金の圧縮効果が期待できます）。

（注）　令和３年６月25日付の改正（令和３年課個3-9他）で、低解約返戻期間に払済保険に変更して役員等に支給した場合の抜け穴を防ぐ改正が行われました（所基通36-37）。この改正は、同年７月１日以降の保険契約等に関する権利の支給に関して適用されることになるため、十分注意が必要になります。

②　医療保険

解約払戻金のないタイプが存在するため、資金的な負担なしに、法人から個人に名義変更をすることが可能となります。

ただし、無償で個人へ名義変更をした保険については、解約払戻金の申告の際に、既支払保険料を必要経費に計上することができない可能性があるため、十分注意が必要です。

留意点

ここで取り上げたもの以外にも多種多様な保険が存在し、商品そのものは時代とともに変わりつつあります。保険そのものについて批判的な見方があるかもしれませんが、保険による保障なくして、現代的な生活を送ることは不可能といっても過言ではありません。

保険は、様々な保障を得ること以外に、節税を行うことが可能となる等のメリットもあります。もちろん、本来の目的を逸脱した保険への加入は、個人であれば家事関連費、法人であれば役員賞与等に該当し、経費や損金にならない可能性がある点を忘れないようにしなければなりません。そのためにも、節税ありきで保険に加入するのではなく、結果として節税となるような形での保険加入が必要になるものと考えます。

5 法人成りの準備

事業家の方々にとっての「法人成り」は、資産家の方々にとっての「法人成り」と大きく変わることはありませんが、加えて「顧客視点」⇒「金融機関等ステークホルダー視点」⇒「タックス・マネジメント視点」の３つ視点の順で検討していくことが大切です。

「顧客視点」としては、その新設法人が“顧客にどう受け止めてもらえるか？”、次の「金融機関等ステークホルダー視点」としては、その新設法人の“ビジネスモデル・事業計画をステークホルダーが支持してくれるか？”を検討していきますが、本書においては紙面の都合上、残念ながらその詳細は割愛させていただきます。

本書における事業家の方々にとっての「法人成り」は、前２つの視点の次なる重要検討事項となりますが、そのポイントは、資産家の方々にとっての「法人成り」と同様となりますので、Ｉ．資産家編「５ 法人成り」をご参照下さい。

＊なお、事業家の方々にとっての「法人成り」は、Ｉ．資産家編「５ 法人成り」における「法人⇒個人への地代支払の検討」については一般的には不要と思われます。

6 役員報酬の「定期同額制度」と社会保険料

法人が役員に対して支給する一定の給与のうち、損金算入が認められるものは次の３つに限られ、それ以外のものは損金の額に算入されません（詳細は下記＜１＞で解説します）。

⑴定期同額給与

⑵事前確定届出給与

⑶一定の利益連動給与

法人実務において役員給与の損金不算入制度（以下「本制度」という）の理解は必須ですが、本制度に係る税務の取扱いと同様に避けて通れないのが社会保険（注１）の取扱いです。

平成29年度税制改正により、定期同額給与の範囲に、源泉所得税及び社会保険料等控除後の金額（手取額）が毎月同額である定期給与が加わったことで、手取額に増減が生じないよう給与額を逆算するケースが散見されます。この場合においても、社会保険の知識は相当程度必要であるといえます。

ちなみに、代表者１人だけの法人であっても、その代表者に役員給与を支払う場合は社会保険の加入が義務付けられています（健康保険法３、厚生年金保険法９）。2020年12月31日現在における社会保険料の負担割合は、１か月の役員給与（標準報酬月額）のおよそ30％（注２）に上ります。

本項では、役員給与のうち、定期同額給与及び事前確定届出給与に係る社会保険料の考え方の違いについて考察します。

（注１）　社会保険

厚生年金保険及び健康保険組合又は全国健康保険協会（協会けんぽ）管掌の健康保険をいうものとし、雇用保険及び労災保険を除きます。

（注２）　社会保険料の内訳

ここでいう健康保険料とは、組合ごとに料率の異なる健康保険組合を除き、全国健康保険協会（協会けんぽ）管掌の健康保険とします。下記の数値は2020年12月31日現在における東京都のものです。

・健康保険料率（介護保険第２号被保険者に該当しない）：9.87％（労使折半）

・健康保険料率（介護保険第２号被保険者に該当する）：11.66％（労使折半）

・厚生年金保険料率：18.3％（労使折半）

・子ども・子育て拠出金：被保険者の厚生年金保険の標準報酬月額及び標準賞

与額×0.36％（事業主全額負担）

なお、健康保険料は標準報酬月額139万円を上限とし、厚生年金保険料は標準報酬月額65万円を上限としています。

＜1＞　役員給与の損金不算入

法人がその役員に対して支給する給与（退職給与で業績連動給与に該当しないもの、使用人兼務役員の使用人分給与を除く）のうち、次に掲げる給与に該当する給与以外のものの額等は、損金の額に算入しません。

(1)定期同額給与

① その支給時期が１か月以下の一定の期間ごとである給与（以下「定期給与」といいます。）で、その事業年度の各支給時期における支給額又は支給額から源泉税等の額(注)を控除した金額が同額であるもの

(注)　源泉税等の額とは、源泉徴収をされる所得税の額、特別徴収をされる地方税の額、定期給与の額から控除される社会保険料の額その他これらに類するものの額の合計額をいいます。

② 定期給与の額につき、次に掲げる改定（以下「給与改定」といいます）がされた場合におけるその事業年度開始の日又は給与改定前の最後の支給時期の翌日から給与改定後の最初の支給時期の前日又はその事業年度終了の日までの間の各支給時期における支給額又は支給額から源泉税等の額を控除した金額が同額であるもの

イ　その事業年度開始の日の属する会計期間開始の日から３か月（確定申告書の提出期限の特例に係る税務署長の指定を受けた場合にはその指定に係る月数に２を加えた月数）を経過する日（以下「３月経過日等」といいます）まで（継続して毎年所定の時期にされる定期給与の額の改定で、その改定が３月経過日等後にされることについて特別の事情があると認められる場合にはその改定の時期まで）にされる定期給与の額の改定

ロ　その事業年度においてその法人の役員の職制上の地位の変更、その役員の職務の内容の重大な変更その他これらに類するやむを得ない事情（以下「臨時改定事由」といいます）によりされたこれらの役員に係る定期給与の額の改定（イに掲げる改定を除きます）

ハ　その事業年度においてその法人の経営状況が著しく悪化したことその他これ

に類する理由（以下「業績悪化改定事由」といいます）によりされた定期給与の額の改定（その定期給与の額を減額した改定に限られ、イ及びロに掲げる改定を除きます）

③　継続的に供与される経済的利益のうち、その供与される利益の額が毎月おおむね一定であるもの

(2) 事前確定届出給与

役員の職務につき所定の時期に確定した額の金銭又は確定した数の株式若しくは新株予約権若しくは確定した額の金銭債権に係る特定譲渡制限付株式若しくは特定新株予約権を交付する旨の定めに基づいて支給する給与で定期同額給与及び業績連動給与のいずれにも該当しないもの（株式を交付するものにあっては適格株式に、新株予約権を交付するものにあっては適格新株予約権に、それぞれ限ります。以下「事前確定給与」といいます）で、次の①又は②に掲げる日までに、一定の事項を記載した書類により税務署長に届出をしている場合の給与。なお、下記の届出期限のほかに、変更届出期限が定められています。

①　株主総会等の決議により事前確定給与の定めをした場合におけるその決議をした日（同日がその職務執行の開始日後である場合には、その開始日）から１月（法人税法第75条の２第１項各号の指定を受けている内国法人にあっては、その指定に係る月数に３を加えた月数）経過日

②　臨時改定事由によりその臨時改定事由に係る役員の職務につき事前確定給与の定めをした場合（その役員の臨時改定事由が生ずる直前の職務につき事前確定給与の定めがあった場合を除きます）におけるその臨時改定事由が生じた日から１月経過日

(3) 一定の業績連動給与

内国法人（同族会社にあっては、同族会社以外の法人との間にその法人による完全支配関係があるものに限ります）が業務執行役員に対して支給する業績連動給与（株式又は新株予約権を交付する場合には、適格株式又は適格新株予約権に限ります）で、その支給に係る算定方法が利益の状況を示す指標及び株式の市場価格の状況を示す指標等を基礎とした客観的なもの（次の要件を満たすものに限ります）であること。

①　確定額又は確定数をそれぞれ限度としているものであり、かつ、他の業務執行役員に対して支給する業績連動給与に係る算定方法と同様のものであること

② 職務執行期間開始の日の属する会計期間開始の日以後３月経過日までに次のいずれかの適正な手続を経ていること

（イ）報酬委員会の決定のうち、委員の過半数が独立社外取締役であること等の要件を満たすもの

（ロ）株主総会の決議による決定

（ハ）報酬諮問委員会に対する諮問等を経た取締役会の決議による決定のうち、委員の過半数が独立社外取締役等であること等の要件を満たすもの

（ニ）上記（イ）～（ハ）の手続に準ずる手続

③ その内容が上記②の手続の後遅滞なく、有価証券報告書に記載されていることその他の方法により開示されていること

なお、役員に対して支給する給与のうち、隠蔽仮装経理によるもの及び不相当に高額な部分の金額は、損金の額に算入しません。

（注１） 各支給時期における支給額から源泉税等の額を控除した金額が同額である場合には、定期給与の支給額は同額であるとみなされます。

（注２）「適格株式」とは、市場価格のある株式又は市場価格のある株式と交換される株式をいいます。

（注３）「適格新株予約権」とは、その行使により市場価格のある株式が交付される新株予約権をいいます。

（注４） 非常勤役員に対して支給する一定の給与又は将来の役務の提供に係るものとして一定の要件を満たす、特定譲渡制限付株式による給与又は特定新株予約権による給与については、その定めの内容に関する届出は不要。

（注５）「業績連動給与」とは、利益の状況を示す指標、株式の市場価格の状況を示す指標その他の内国法人又はその内国法人との間に支配関係がある法人の業績を示す指標を基礎として算定される額又は数の金銭又は株式若しくは新株予約権による給与及び特定譲渡制限付株式又は特定新株予約権による給与で無償で取得され、又は消滅する株式又は新株予約権の数が役務の提供期間以外の事由により変動するもの。

（注６） 内国法人が同族会社以外の法人との間にその法人による完全支配関係があるものに該当するかどうかの判定及び独立社外取締役等に該当するかどうかの判定は、損金算入となる業績連動給与の算定方法に係る報酬委員会の決定等の適正な手続の終了の日の現況によります。

<2>　社会保険料の損金算入時期

法人が負担する社会保険料の額については、当該保険料の額の計算の対象となった月の末日の属する事業年度において損金の額に算入することができます(法人税基本通達9-3-2)。

これは、法人が負担する社会保険料は、被保険者が月末において在職している場合には、同者に係る保険料を翌月末日までに納付することとなり、被保険者が月の中途で退職した場合には、同者の退職月に係る保険料は納付する義務はないことによるものです(健康保険法156③、厚生年金保険法81、19①)。

したがって、法人の負担する各月の社会保険料の支払債務は、当該月の末日における従業員の在職の事実をもって確定することになるため、決算日が月末でない法人の決算月の社会保険料の未払計上はできませんので注意を要します。

同様に、使用人への決算賞与に係る社会保険料の支払債務は、その決算賞与を支払った月の末日におけるその使用人の在職の事実をもって確定することとなるため、例えば決算月の翌月10日に実際に支払った場合には、決算月末において社会保険料を未払計上することはできないことに留意します。決算月末に未払計上した使用人の決算賞与の損金算入時期と紐付かないため注意を要します。

<3>　事前確定届出給与と社会保険料

役員給与につき、定期同額給与に加えて事前確定届出給与を支給するケースが散見されます。例えば、役員給与月額10万円及び事前確定届出給与2,280万円(年収2,400万円)とした場合の法人税務及び社会保険料について検討します。

そもそも事前確定届出給与は、役員へのインセンティブや月々の資金繰りの平準化を目的に支給することが一般的と考えられます。事前確定届出給与は税務上賞与として取り扱うため、次の２点を守れば役員への賞与も損金の額に算入することが可能となります。

①　所轄税務署に対し、事前(定時株主総会開催日から１か月以内、詳細は<１>(2)参照)に一定の事項を記載した届出書を提出すること

②　役員賞与を支払うときは、支払日及び届出額通りに支払うこと

上記２点を守らなかったときは、支払額が損金の額に算入されない上に、支払いを受けた役員はその支払額につき所得税及び住民税が課税されます。さらに、月給

か賞与かで社会保険上の取扱いが変わることになりますが、日本年金機構は事前確定届出給与について次のとおり回答しているため、上記の事例は社会保険上賞与として取り扱うことになると考えられます（下記【疑義照会回答】47ページ参照）。

〔質問内容〕

事業所役員の役員報酬について、年間例月12回と、例月とは異なる金額の報酬を年２回支払う予定として、事前確定届出給与を税務署に届出している。役員報酬のうち、例月とは異なる金額の年２回の報酬は、賞与支払届にて届出すべきか、年間の年俸制と判断し標準報酬月額に算入すべきか。

〔回答〕

定期に同額支払われる報酬のほかに、事前確定届出給与の支給がある場合は、その支払いが３月を超える期間ごとに支払われる報酬であれば、健康保険法第３条第６項及び厚生年金保険法第３条４項による賞与とし、厚生年金保険法第24条の３及び健康保険法第45条により標準賞与額の決定をすることになる。

（出典：日本年金機構 HP【疑義照会回答】（厚生年金保険適用）被保険者賞与支払届　https://www.nenkin.go.jp/service/seidozenpan/gigishokai.files/0000000132_0000025365.pdf）

よって、上記事例については、賞与2,280万円に係る健康保険料は上限である573万円として計算し、厚生年金保険料は上限である150万円として計算することになると考えられます。このような取扱いも理論上は可能であると考えられます。

ただし、以下の点について注意を要します。

（ア）厚生労働省から平成30年７月30日に公表（適用は平成31年１月４日から）された「健康保険法及び厚生年金保険法における賞与に係る報酬の取扱いについて」の一部改正について（保保発0730第１号・年管管発0730第１号、https://www.nenkin.go.jp/oshirase/topics/2018/20181023.files/01.pdf）という通達が存在します。

この通達を要約すると、届出の内容と実態に乖離があるケースをいうものと考えられます。例えば、実態として、賞与を月給に加算して支給している場合や、役員への仮払金、立替金が多い場合は、その賞与は月給（標準報酬月額）に加算して社会保険料の計算を行うことになると考えられます。

（イ）役員の月々の生活費に見合う月給となっているか確認すべきと考えられま

す。上記の例は月10万円のケースですが、一般的に月々10万円で生活することは困難で、住宅借入金や扶養家族を有する場合には合理性を欠きます。仮に当該役員に十分な貯蓄があり、法人からの給与振込みも毎月10万円でその他余計な出金がないのであれば、税務上及び社会保険上の問題は生じないと考えられます。

（ウ）法人の会計処理において、月給を上回る資金の支払いがあった場合には、代表者への仮払金、立替金若しくは貸付金となり、金融機関の与信低下に繋がる可能性があります。さらには貸付金利息を益金算入する必要性が出てくると考えられます。

（エ）役員退職金を算定する際、退職時の最終給与が低いときは一般的に退職金の額も少なくなる傾向にあります。

＊なお、この項目で取り上げた内容はあくまでも一例であり、すべてのケースに適用できるものではありません。

実際にこのような方法を検討される場合は、社会保険労務士等の専門家とも相談した上で行うことをお勧めします。

7 グループ通算制度の適用

＜1＞ グループ通算制度の概要

令和２年度の税制改正により連結納税制度は見直され、令和４年４月１日以後開始する事業年度からグループ通算制度へ移行します。改正の目的は大きく分けて以下の３つが挙げられます。

(1)事務負担の軽減(納税主体の変更)

企業グループ全体を一つの納税単位とする連結納税制度に変え、企業グループ内の各法人を納税単位として個別に法人税額の計算・申告を行う方法に変更されます。グループ間の調整計算等を簡素化し、事務負担の軽減を図ります。

(2)組織再編税制との整合性(開始・加入時の課税の取扱いの変更)

連結納税制度と組織再編税制に関し、制度開始・加入時の時価評価及び繰越欠損金の引継ぎ等の取扱いについて整合性が取れた制度にすることで、課税の中立性を確保します。

(3)税負担の公正・公平化(不当な税負担の軽減を防止する措置)

連結納税制度につき、制度開始時に繰越欠損金の切捨てを行わない連結親法人に対する取扱いや含み損を抱えた連結子法人の離脱を利用した取扱いなど、不当な税負担軽減に対する問題が数多く指摘されているため、これらを防止するための措置が図られます。

＜2＞ 連結納税制度とグループ通算制度の比較

グループ通算制度の基本的な仕組みについて、連結納税制度と比較すると以下のようになります。

内容	連結納税制度 （現行制度）	グループ通算制度 （新制度）
納税単位	連結納税グループ（連結親法人が納税主体）	各法人（個別申告方式）
適用方法	選択制（最初の適用事業年度開始日の３か月前までに承認申請を行い、国税庁長官の承認を受けます）	同左
適用法人	原則として、完全支配関係のある内国普通法人のグループ	同左
事業年度	親法人の事業年度に統一	同左
青色申告	適用なし（別個の制度）	通算制度の承認を受けた場合、青色申告の承認を受けたものとみなされます
損益通算	各法人の所得金額・欠損金額を合算（連結グループ全体を一つの単位）	欠損法人の欠損金額を各法人の所得金額の比で配分します（プロラタ方式）
修正・更正の取扱い（税務調査）	グループ全体で再計算	原則として他法人へ影響を及ぼさないが、法人税を不当減少させる等の場合は再計算
留保金課税	・親法人が中小法人の場合は適用除外 ・グループ全体で税額計算	・グループ内の全法人が中小法人の場合は適用除外 ・各法人で個別計算
制度開始・加入後の欠損金の制限	制限なし	次の場合には一定の制限があります ・新事業開始 ・支配関係前から有する資産の実現損失 ・多額の償却費が生ずる事業年度
制度開始・加入前の欠損金の制限	・子法人の制度開始・加入前の繰越欠損金は、自社の所得を限度としてのみ使用可 ・親法人の制度開始前の繰越欠損金は上記制限なし	親法人及び子法人の制度開始・加入前の繰越欠損金は、いずれも自社の所得を限度としてのみ使用可

電子申告	親法人が大法人に該当する場合は電子申告義務があります	強制
連帯納付責任	有	同左
包括的租税回避防止規定	有	同左
グループ内の税金精算	親法人が一体で納税・還付手続を行うので、グループ内の精算も親法人を通して行われます	各法人が納税・還付手続を行うため、グループ内の精算の計算が煩雑になります
中小法人の判定	親法人の資本金額によりグループ内の全法人の判定を行います	通算グループ内のいずれかの法人が中小法人に該当しない場合、通算グループ内の全法人が中小法人に該当しません
税率	親法人の適用税率によります	通算グループ内の各法人の適用税率によります。中小法人の軽減税率の適用対象所得金額は、年800万円を所得法人の所得金額の比で配分します(プロラタ方式)。

＜3＞　適用関係と経過措置

グループ通算制度は、令和４年４月１日以後に開始する事業年度から適用されます。また、連結納税制度からの移行に伴う経過措置は次のとおりです。

① 連結納税制度の適用を受けているグループは、令和４年４月１日以後最初に開始する事業年度開始の日において、グループ通算制度の承認があったものとみなされます(R2改正法附29①)。

⇒連結納税制度の適用を受けている法人は、グループ通算制度に自動的に移行します。

② 連結子法人は、連結親法人が令和４年４月１日以後最初に開始する事業年度開始の日の前日までに税務署長に届出書(取止め届出書)を提出することで、グループ通算制度を適用しない単体法人になることができます(R2改正法附29②)。

⇒グループ通算制度に移行するか単体納税に戻るかの検討が必要です。

＜4＞　損益通算の仕組み

連結納税制度の最大の特徴である損益通算は、グループ通算制度でも残されましたが、その計算方法は次の通りです。
（国税庁 HP　グループ通算制度に関するＱ＆Ａ（令和２年８月改訂）８　損益通算（問41）通算制度の当初申告における損益通算の計算をもとに作成）
https://www.nta.go.jp/law/joho-zeikaishaku/hojin/group_faq/41.htm

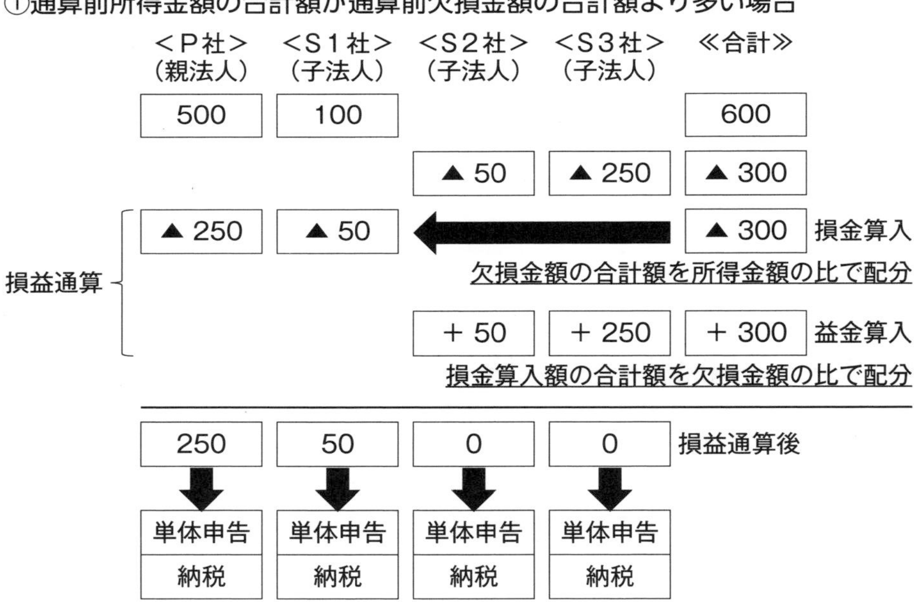

②通算前欠損金額の合計額が通算前所得金額の合計額より多い場合

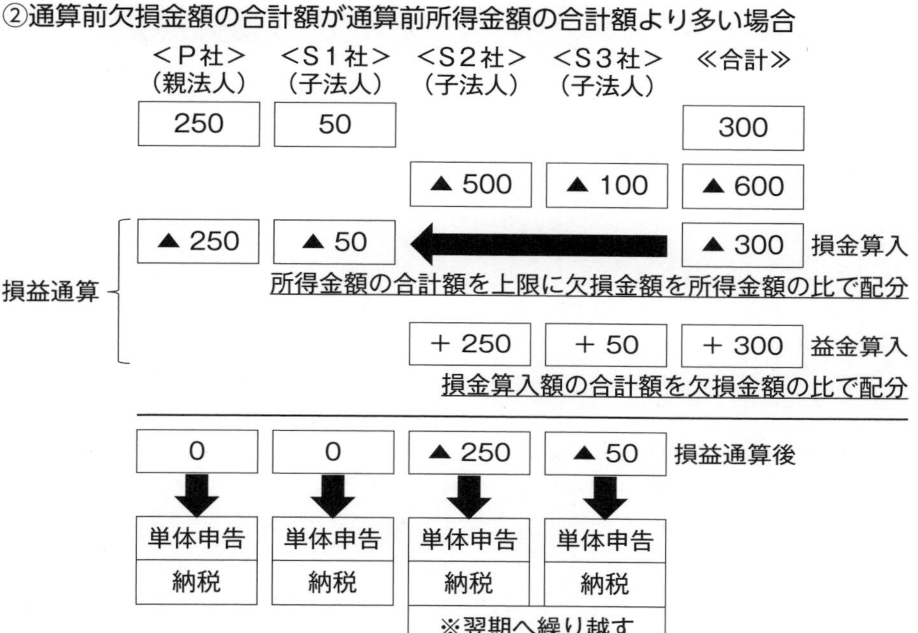

8　オペレーティング・リースの活用

＜1＞　事業家が活用すべきタックスマネジメントとは

(1)航空機等のオペレーティング・リース取引を利用したタックスマネジメント

航空機等のオペレーティング・リース取引は、出資者である投資家が任意組合や匿名組合(以下、「エンティティ」という)を通じて出資するとともに、エンティティが金融機関等から多額の銀行借入を行ったうえで、航空機等を購入します。その航空機等を航空会社等にリースすることによって、リース料を得るとともに、リース期間終了後には航空機等を中古市場等で売却するという取引です。

このようなオペレーティングリースは、リース期間の初期にはエンティティから生じる減価償却等の費用を取り込む一方、リース期間終了時にはリース対象物件の売却益を見込んで商品設計することが通常であることから、一定の課税の繰延べ効果があるとして、法人などを中心にタックスマネジメント目的で利用されてきました。

しかし、経済情勢に影響などを受けることから、当初見込んでいた売却益が十分に発生せず、全体としては損失が生じるケースもあり、利用する際にはそのようなリスクに対する留意が必要となりますが、十分な配慮をおこなった上で利用することでのみ得られるメリットもあるため、プラス・マイナス双方の事前検討を十分に行うことが重要です。

(2)オペレーティング・リースの仕組み

航空機等のオペレーティング・リース取引の一般的な仕組みは以下の通りです。

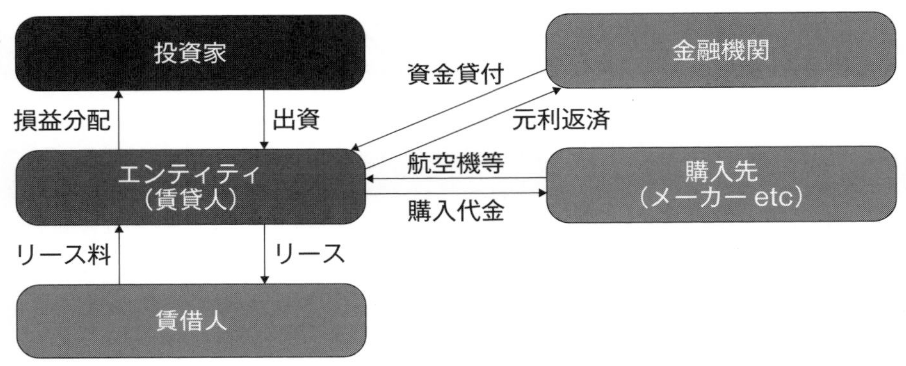

(3)オペレーティング・リースに組み込まれるエンティティ

航空機等のオペレーティング・リースとして利用されるエンティティには、任意組合や匿名組合が用いられることが一般的です。

① 任意組合

任意組合とは、各当事者が出資をして共同の事業を営むことを約することによって、その効力を生ずる契約です。任意組合の財産は、組合員の共有とされるため、組合事業から生ずる利益又は損失は、任意組合には帰属せず、出資者である組合員に帰属し課税される、いわゆるパススルー課税となります。

② 匿名組合

匿名組合とは、当事者の一方が相手方の営業のために出資をなし、その営業より生じる利益を分配することを約束する契約形態をいいます。

匿名組合から生ずる利益又は損失については、営業者と組合員に帰属し課税される、いわゆるパススルー課税となります。

特徴を整理すると次のようになります。

	任意組合	匿名組合
法人格	なし	なし
納税義務者	出資者	営業者／組合員
事業	共同事業	営業者
出資財産の帰属	組合員の共有	営業者
責任	無限責任	有限責任

なお、任意組合又は匿名組合等の出資者が、重要業務の決定及び業務執行者でない場合は、任意組合又は匿名組合等の事業で発生した損失について、出資額を超える金額を損金の額に算入することができないことに注意が必要です。(措法67の12①)

＜2＞　税務の取扱い

(1)個人の税務

①　任意組合出資の場合

任意組合等の組合員の各種所得の金額の計算上、総収入金額又は必要経費に算入する利益の額又は損失の額は、次のイの方法により計算します。ただし、継続適用を条件に、ロまたはハの選択も認められます。

イ　純額方式

当該組合事業に係る収入金額、支出金額、資産、負債等を、その分配割合に応じて各組合員のこれらの金額として計算する方法

ロ　中間方式

当該組合事業に係る収入金額、その収入金額に係る原価の額及び費用の額並びに損失の額をその分配割合に応じて各組合員のこれらの金額として計算する方法

ハ　純額方式

当該組合事業について計算される利益の額又は損失の額をその分配割合に応じて各組合員にあん分する方法(所基通36・37共−20本文)

② 匿名組合出資の場合

匿名組合契約に基づき個人の匿名組合員が営業者から受ける利益の分配は、原則として雑所得となります。そのため、匿名組合契約により負担すべき損失が生じたとしても、他の所得と損益を通算することはできません（所基通36・37共−21本文）。

③ 株式等の譲渡所得区分の判定

株式等の譲渡所得が、いわゆる株雑所得、株事業所得及び譲渡所得のいずれに該当するかは、当該株式等の譲渡が営利を目的として継続的に行われているかどうかにより判定されることになります。一般的に、株式投資などを行う投資事業組合及び任意組合等は、組合等の存続期間中に、複数回の投資及び投資回収を通じて営利を上げることを目的として継続的に株式投資を行っていること考えられることから、下記の全ての要件が充足され、かつ、投資組合契約書等に記載されている場合においては、出資者が共同で営利を目的として継続的に行う株式等の譲渡を行うものと位置づけされるため、個人投資家が当該投資組合を通じて得た株式等の譲渡に係る所得は、株雑所得又は株事業所得に該当するものと考えられます。

【株雑所得及び株事業所得の判定要件】

イ　株式等への投資を主たる目的事業としていること

ロ　各組合員において収益の区分把握が可能であること

ハ　民法上の任意組合が前提とする共同事業性が担保されていること

ニ　投資組合が営利目的で組成されていること

ホ　投資対象が単一銘柄に限定されないこと

ヘ　投資組合の存続期間が概ね５年以上であること

なお、投資組合等に係る所得区分によって、必要経費が認められる範囲についても、以下のように取り扱いが異なるため注意が必要です。

必要経費の範囲	雑所得／事業所得	譲渡所得
取得費	○	○
譲渡に要した費用	○	○
販売費及び一般管理費	○	—

④　成功報酬の取扱い

投資事業有限責任組合で、無限責任社員等への成功報酬が行われる場合には、その成功報酬分が必要経費に含められるかどうかが問題となりますが、成功報酬の計算が投資組合の目的とする事業毎に行われるか否かによって、下記のように取り扱うこととされています。

イ　成功報酬の計算が投資事業単位で行われる場合

投資組合契約書において成功報酬の計算が、投資事業単位で行われることとされている場合には、成功報酬と事業との対応関係が明確であると判断されることとなるため、成功報酬はその計算対象となった事業に係る経費として取り扱うことになります。

ロ　成功報酬の計算が投資組合全体の収入を対象として算出される場合

投資組合契約書において成功報酬の計算が投資組合全体の収入を対象に行われている場合には、当該成功報酬は投資組合の主たる事業からの収入の獲得に間接的に貢献していると判断されることとなるため、管理報酬と同様に、投資組合が主たる目的とする複数の事業へ投下した財産の合計額に対するそれぞれの事業へ投下した財産額の比率によって管理報酬の総額を按分することにより、控除する必要経費を算定することになります。

$$\text{投資組合が主たる目的とする各事業に係る経費額} = \text{管理報酬総額} \times \frac{\text{(個別に投下された事業資産の期首残高＋期末残高)÷2}}{\text{(全ての投下された事業資産合計額の期首残高＋期末残高)÷2}}$$

（参考：国税庁「投資事業有限責任組合及び民法上の任意組合を通じた株式等への投資に係る所得税の取扱いについて」H16.6.14経局第３号）

(2)法人の税務

①　任意組合出資のケース

イ　法人税

投資先である任意組合等は法人格を有せず、納税主体とならないため、組合契約等に基づいて運営される事業損益は組合員の分配割合に応じて直接組合員である法人に帰属することになります。

ただし、一定の損失(組合損失超過額)についてはその事業年度の損金の額に算入されず、繰り越して翌期以降の配分された益金の額から控除します。分配された損益の帰属時期は、法人の各事業年度の期間に対応する組合事業に係る個々の損益を計算して当該法人の当該事業年度の益金の額又は損金の額に算入することとなりますが、一定の場合には、その組合の計算期間の終了する日の属する当該法人の事業年度の益金の額又は損金の額に算入するものとしています。なお、分配された損益の計算には次の３方法があります

⑴ 総額方式…組合事業の収入金額、支出金額、資産負債等の自己の分配割合相当額を自己の金額と認識して処理するもの。

⑵ 中間方式…組合事業の収入金額、原価の額及び費用の額並びに損失の額の自己の分配割合相当額を自己の金額と認識して処理するもの。したがって資産を基準とする引当金、準備金等の適用ができません。

⑶ 純額方式…組合事業の利益の額又は損失の額の自己の分配割合相当額を自己の金額と認識して処理するもの。したがって受取配当益金不算入、所得税控除、引当金、準備金等の適用ができません。

（注） 原則として⑴総額方式により計算することとしていますが、継続適用を条件に⑵中間方式及び⑶純額方式も認められています。

ロ 消費税

共同事業として資産の譲渡等を行った時に、各組合員が資産の譲渡等を行ったこととなりますが、組合の計算期間が１年以内の場合の場合には、その計算期間の終了する日の属する各組合員の事業年度において、資産の譲渡、課税仕入れを行ったものとして取り扱うことが認められています。また、納税義務の判定については個々の組合員において他の事業と合わせて判断することとなります。（法基通14-1-1、14-1-1の２、14-1-2、消基通1-3-1、9-1-28、措法67の13）

② 匿名組合出資のケース

イ 法人税

匿名組合の損益は営業者に帰属しますが、税務上は営業者及び出資者の所得として課税されることになります。出資者は、匿名組合契約により分配を受ける損益を純額法により取り込むことになります。

ロ 消費税

匿名組合事業に属する資産の譲渡等や課税仕入等は、営業者が単独でおこなったことになるため、出資者である法人は課税売上及び課税仕入を取り込むことはありません。

9 退職金制度の設計とその準備

退職金制度は、長期に亘る勤続の奨励、老後保障等の目的から、退職時に支給する報酬です。

退職金の支払いを実行するためには、あらかじめ準備・積立の必要性があり、非常に大きな費用負担が生じます。従業員の高齢化、長期勤続者の増加及び企業年金の積立不足に伴う掛金の増加等、資金繰りが悪化し経営を圧迫することに繋がりかねません。

また、税務上退職給与は、支払う法人の損金の額に算入される金額が大きく、受給者個人の所得税・住民税の節税効果も大きくなります。退職所得は、退職所得控除額が高額になり、課税所得は原則２分の１となる上、超過累進税率が適用される総合課税の対象ではなく分離課税が適用されます。法人個人双方に大きな節税効果をもたらすため魅力的ですが、支払う退職金の額や規程、株主総会の決議などに注意を要します。

＜1＞ 退職金の種類

(1)退職一時金

役員退職金の適正額の算定方法は、代表的なものに①平均功績倍率法と、②一年当たり平均額法の２つがあります。それぞれの考え方は下記のとおりです。

① 平均功績倍率法

最終報酬月額×勤続年数×平均功績倍率

・平均功績倍率＝類似法人個々の功績倍率の合計÷類似法人の数

・類似法人個々の功績倍率の合計＝同役職者の役員退職給与の額÷その者の最終報酬月額×その者の勤続年数

なお、平均功績倍率は、退職した役員の役職ごとに、一般的に次の数値を使用することが通例とされています。当該倍率は過去の裁判例（昭和56年11月18日の東京高裁判決、昭和60年９月17日の最高裁判決他）から引用されています。

退職時の役職	倍率
会長・社長	3.0
専務・常務	2.2～2.4
取締役	1.8
監査役	1.6

しかし、この方法は、退職時の金額算定が容易で便利な半面、勤続年数が増えると金額が増大し、経営を圧迫する危険性があります。

また、年功序列的な我が国の賃金制度と退職金額の関連は大きく、評価制度等の柔軟な賃金制度の策定が阻害されかねません。主に退職の一時点しか着目しない当該算定方法は、過去分の退職金受給権を無視しているという意見もあります。

そのため、検討すべき方策として次の３つが考えられます。

イ　年功序列的な賃金制度から評価制度等の柔軟な賃金制度への移行

ロ　貢献度を見える化させるためポイント制を導入

ハ　在職中に定期的に退職金相当額を支給できる退職金前払制度の策定

②　一年あたり平均額法

１年当たりの退職金平均額×退職役員の勤続年数

・１年当たりの退職金平均額＝類似法人個々の１年当たりの退職金の合計額÷類似法人の数

・類似法人個々の１年当たりの退職金＝役員退職金の額÷退職者の勤続年数

なお、一年当たり平均額法は、類似法人の退職金額を納税者側が調べることは非常に困難なため、実務上使用することはほぼないと考えられます。

(2)企業年金

退職金原資につき、自社内部だけでなく外部積立を行うことで計画的な資金準備が可能となります。主に次の４つが挙げられます。退職金制度は、運用開始に伴いその後の支払が義務となるので、継続可能な制度構築が重要となります。

①　確定給付企業年金制度

あらかじめ確定した年金額(退職金額)の給付を行うために、年金規約に基づき掛金を外部に拠出することで年金資産を管理・運用します。

②　確定拠出年金制度

企業が拠出した掛金を、加入者である従業員が選択した運用方法・運用先（預貯金、公社債、投資信託、株式、信託、保険商品等）で運用し、その運用実績により給付額（退職金額）が確定します。

③　中小企業退職金共済制度（中退共）

独立行政法人勤労者退職金共済機構・中小企業退職金共済事業本部（以下「中退共」という）が運営する制度で、加入者は中小企業に限定されます。月額掛金と加入月数により退職金額が確定します。なお、退職金額は中退共から退職者に直接支払われます。

④　生命保険

法人（企業）が従業員を被保険者として契約し保険料を払い込み、退職時にあらかじめ設定した加入年数・保険金額で満期保険金または解約返戻金を受け取り、これを退職金原資に充てます。企業側は懲戒解雇者や一部の自己都合退職者に対し退職金の不支給を決議することもできるため、資金の使い道に融通が利きます。

＜2＞　退職給与の損金算入時期

(1) 役員退職給与の損金算入時期

役員の退職時に直ちに損金算入することはできず、原則として株主総会の決議等により退職金の額が具体的に確定した日の属する事業年度において損金の額に算入します。例えば、当期に支給額が確定したものの、支払いが翌期になる場合には、当期の損金の額に算入することになります。

なお、株主総会の決議等とは、株主総会、社員総会その他これに準ずるものの決議又は取締役会等の決議をいいます。

しかし、株主総会等の決議前に退職給与を支払った場合には、法人がその退職給与を実際に支払った日の属する事業年度において損金経理することを条件に、その支払った事業年度において損金の額に算入することも認められます。

(2) 注意点

役員退職給与を支給するに当たり、不相当に高額な部分の金額、隠蔽・仮装経理等により支給されたもの、退職の事実がないと認められるもの等は、損金の額に算入することが認められない場合があるため注意を要します。

(3) 不相当に高額な部分の金額

一般的に下記の状況を総合的に勘案し、適正と判断した金額を超える部分をいいます。したがって、その金額は法人によって異なり、実態に応じた判断が求められます。なお、実務においては＜1＞に記載した通り、平均功績倍率法等が用いられています。

① 退職の事情

② その法人の業務に従事した期間

③ 類似法人の役員退職給与の支給状況(同業種、同規模等)

④ 法人の収益

社長在職年数と最終月額役員報酬に基づく退職金額と退職所得税(早見表)

社長在職年数＼最終月額役員報酬		50万円	60万円	70万円	80万円	90万円	100万円	110万円	120万円	130万円	140万円	150万円	160万円	170万円	180万円	190万円	200万円
5年	退職金額	750万円	900万円	1,050万円	1,200万円	1,350万円	1,500万円	1,650万円	1,800万円	1,950万円	2,100万円	2,250万円	2,400万円	2,550万円	2,700万円	2,850万円	3,000万円
	退職所得税	47万円	63万円	86万円	109万円	132万円	155万円	179万円	204万円	229万円	259万円	292万円	325万円	357万円	390万円	423万円	456万円
10年	退職金額	1,500万円	1,800万円	2,100万円	2,400万円	2,700万円	3,000万円	3,300万円	3,600万円	3,900万円	4,200万円	4,500万円	4,800万円	5,100万円	5,400万円	5,700万円	6,000万円
	退職所得税	124万円	170万円	221万円	281万円	346万円	412万円	478万円	543万円	609万円	681万円	757万円	833万円	910万円	986万円	1,062万円	1,139万円
15年	退職金額	2,250万円	2,700万円	3,150万円	3,600万円	4,050万円	4,500万円	4,950万円	5,400万円	5,850万円	6,300万円	6,750万円	7,200万円	7,650万円	8,100万円	8,550万円	9,000万円
	退職所得税	212万円	303万円	401万円	499万円	598万円	706万円	821万円	935万円	1,050万円	1,164万円	1,278万円	1,393万円	1,507万円	1,822万円	1,736万円	1,861万円
20年	退職金額	3,000万円	3,600万円	4,200万円	4,800万円	5,400万円	6,000万円	6,600万円	7,200万円	7,800万円	8,400万円	9,000万円	9,600万円	10,200万円	10,800万円	11,400万円	12,000万円
	退職所得税	325万円	456万円	587万円	732万円	884万円	1,037万円	1,189万円	1,342万円	1,494万円	1,647万円	1,805万円	1,973万円	2,140万円	2,308万円	2,476万円	2,644万円
25年	退職金額	3,750万円	4,500万円	5,250万円	6,000万円	6,750万円	7,500万円	8,250万円	9,000万円	9,750万円	10,500万円	11,250万円	12,000万円	12,750万円	13,500万円	14,250万円	15,000万円
	退職所得税	412万円	576万円	757万円	948万円	1,139万円	1,329万円	1,520万円	1,710万円	1,917万円	2,126万円	2,336万円	2,546万円	2,756万円	2,966万円	3,175万円	3,385万円
30年	退職金額	4,500万円	5,400万円	6,300万円	7,200万円	8,100万円	9,000万円	9,900万円	10,800万円	11,700万円	12,600万円	13,500万円	14,400万円	15,300万円	16,200万円	17,100万円	18,000万円
	退職所得税	499万円	706万円	935万円	1,164万円	1,393万円	1,622万円	1,861万円	2,112万円	2,364万円	2,616万円	2,868万円	3,119万円	3,371万円	3,623万円	3,875万円	4,126万円
35年	退職金額	5,250万円	6,300万円	7,350万円	8,400万円	9,450万円	10,500万円	11,550万円	12,600万円	13,650万円	14,700万円	15,750万円	16,800万円	17,850万円	18,900万円	19,950万円	21,000万円
	退職所得税	587万円	846万円	1,113万円	1,380万円	1,647万円	1,931万円	2,224万円	2,518万円	2,812万円	3,105万円	3,399万円	3,693万円	3,987万円	4,280万円	4,574万円	4,868万円
40年	退職金額	6,000万円	7,200万円	8,400万円	9,600万円	10,800万円	12,000万円	13,200万円	14,400万円	15,600万円	16,800万円	18,000万円	19,200万円	20,400万円	21,600万円	22,800万円	24,000万円
	退職所得税	681万円	986万円	1,291万円	1,596万円	1,917万円	2,252万円	2,588万円	2,924万円	3,259万円	3,595万円	3,931万円	4,266万円	4,602万円	4,938万円	5,273万円	5,609万円
45年	退職金額	6,750万円	8,100万円	9,450万円	10,800万円	12,150万円	13,500万円	14,850万円	16,200万円	17,550万円	18,900万円	20,250万円	21,600万円	22,950万円	24,300万円	25,650万円	27,000万円
	退職所得税	783万円	1,126万円	1,469万円	1,819万円	2,196万円	2,574万円	2,952万円	3,329万円	3,707万円	4,085万円	4,462万円	4,840万円	5,217万円	5,595万円	5,973万円	6,350万円
50年	退職金額	7,500万円	9,000万円	10,500万円	12,000万円	13,500万円	15,000万円	16,500万円	18,000万円	19,500万円	21,000万円	22,500万円	24,000万円	25,500万円	27,000万円	28,500万円	30,000万円
	退職所得税	884万円	1,266万円	1,647万円	2,056万円	2,476万円	2,896万円	3,315万円	3,735万円	4,154万円	4,574万円	4,994万円	5,413万円	5,833万円	6,252万円	6,672万円	7,092万円
55年	退職金額	8,250万円	9,900万円	11,550万円	13,200万円	14,850万円	16,500万円	18,150万円	19,800万円	21,450万円	23,100万円	24,750万円	26,400万円	28,050万円	29,700万円	31,350万円	33,000万円
	退職所得税	986万円	1,405万円	1,833万円	2,294万円	2,756万円	3,217万円	3,679万円	4,140万円	4,602万円	5,064万円	5,525万円	5,987万円	6,448万円	6,910万円	7,371万円	7,833万円

※1　上記「早見表」は、功績倍率３倍として計算しております。
※2　万円単位につきましては、端数処理の関係上、１万円未満の誤差がある場合があります。
※3　５年は「５年超」として退職所得控除額を計算しています。

「社長在職年数と最終月額役員報酬ら基づく退職金額と退職所得税(早見表)」の使用方法

本早見表は、事業家に対してタックス・コンサルテーションを行う中で、オーナー退職金スキーム(実効税率0％～22.845％※)をフルに活用し、長期的タックス・マネジメント戦略を立案する場合に利用します。縦軸は「社長在職年数」、横軸は「最終月額役員報酬」となっており、それぞれの軸が交差する欄に社長の功績倍率を“3”とした場合の「退職金額」とそれに伴う「退職所得税額」を示しています。

※令和2年10月現在の税法による。

10 MA・上場に向けた覚悟と準備

＜1＞ 事業家は、何故、上場をゴールにするのか？

何故、多くの事業家は、上場をゴールとするのでしょうか？ それは、事業家にとっての“夢”、すなわち、大きな資金源を得ると同時に、自社ブランド確立と圧倒的な顧客からの信頼の獲得、優秀な社員の確保といった確固たる社会的基盤を手に入れることができるからです。そして、そこには、同時に税務的にも大きなメリットがあるからです。

まずは、自身の保有している株式を市場に売却することとなるわけですが、それにより膨大なキャピタルゲインを得ます。その際の課税は、“現役時代”の累進構造の課税状況(25.84％～55.945％)から脱却し、キャピタルゲイン課税20.315％で完結します。その後、配当収入を得て行くこととなるわけですが、50％未満保有株主となる場合においては、所得税・住民税併せて20.315％となる分離課税となり、“現役時代”に苦心しながらタックス・マネジメントしてきたこの累進構造の課税状況からの脱却が達成できるのです。

＜2＞ 公正な会計に向けて(中小企業会計基準の順守からのスタート)

企業の成長段階に応じて、経理処理レベルも成長していかなければなりません。

(1)創業期

創業当初は、経理業務に工数を掛けられないため「期中現金主義・期末実現主義(税務決算の最低ライン)」を採用する場合が多いですが、その場合においても、目的物の引き渡しや役務の提供を行った日の属する事業年度の益金算入という大原則はしっかり遵守していくことを心掛けなければなりません(法法22の2①)。

(2)成長期

成長過程に入り経理コストも必要額を投入できる段階になると、月次損益の重要性が増してきます、この段階では、収益・費用とも発生主義に移行し、減価償却費についても、概算額を毎月見積もりで計上していきます。

(3) 管理会計制度の導入

さらなる成長に向かうためには、「管理会計制度」を導入します。この段階では、上場企業向けの会計に定められるセグメント会計は必要要件ではありませんが、セグメント会計を見据えて「管理会計制度」を導入しないと、上場準備に入る際、「管理会計制度」の大幅改定を要することが多く、そこで、多大な経理コストを浪費することになりますので、その点先を見据えた「管理会計制度」を設計することに十二分に留意が必要です。

(4) 上場企業向けの会計への準備

上記の(3)までは、「中小企業会計基準」に則って経理処理されるわけですが、ここからは上場企業向けの会計への準備段階に入ります。

上場企業向けの会計は、日本の会計基準設定主体である企業会計基準委員会(ASBJ)が各論点ごと詳細に「基準」「指針」を示しており、それに則って全ての会計処理を行うこととなります。中でも平成30年には、新しい会計基準として「収益認識に関する会計基準(令和３年４月１日からは強制適用)」が公表されました。同基準は、税法に定める実現主義をベースにしながらも、詳細に収益認識に係るルール化は、企業の判断に委ねられている部分が多いため、多くの企業がその対応に喘いでいるが実情です。収益を認識する手順として、

ステップ１…顧客との契約を識別

ステップ２…契約における履行義務(収益認識の単位)を識別

ステップ３…取引価格の算定

ステップ４…契約における履行義務に取引価格を配分

ステップ５…履行義務を充足した時に又は充足するにつれて収益を認識

という５つのステップを踏まえつつ、個々の契約ごとに履行義務を識別し、履行義務を基準に取引価格を配分して収益を計上することが求められており、「収益認識基準への対応について」(平成30年５月国税庁)の事例では、次の図のように紹介されており、この段階では、もはや監査法人からのアドバイスが不可欠となってきます。

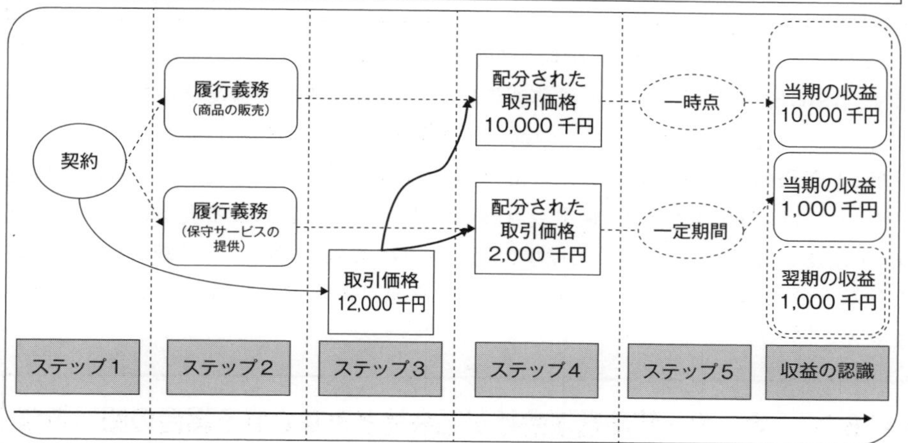

（出典：「収益認識基準への対応について」（平成30年５月・国税庁）「6.5ステップの適用」より）

＜3＞　プライベート・カンパニーとの完全遮断

① 上記の公正な会計基準に向けては、当然に連結会計基準を想定していく必要があります。

② 連結会計は、連結会計基準（「連結財務諸表における子会社及び関連会社の範囲の決定に関する監査上の留意点についてのQ&A」）に則って、関係会社の全ての会社を連結して決算していく必要があることから、プライベート・カンパニーの取扱いについては、後述するプライベート・カンパニーの事業内容・資本関係を整理していかなければなりません。

＜4＞　経営戦略の策定と年次・月次PDCAの回しこみ

当然に、上場審査にあたっては、経営戦略・経営計画の合理性・蓋然性が求められます。すなわち経営計画（“差別化戦略”“成長戦略”を数値化したもの）が存在し、その経営計画を月次決算でフォローしてPDCAが回っているか、否かが問われることになります。

＜5＞　内部統制体制への準備と監査役機能強化の必要性

上場に当たっては、内部統制体制整備と監査役機能が整っていることが求められます。内部統制については、「財務報告に係る内部統制の評価及び監査の基準のあり方について」（企業会計審議会内部統制部会平成17年12月８日）に基づき、４つの目的（①業務の有効性・効率性、②財務報告の信頼性、③法令遵守、④資産の保全のため、６つの基本的要素（企業会計審議会内部統制部会による実施基準の公開草案（平成18年11月21日）／①統制環境、②リスクの評価と対応、③統制活動、④情報と伝達、⑤モニタリング、⑥ IT への対応）を充足する環境整備をしなくてはなりません。

＜6＞　オーナー資産管理会社が親会社とみなされる場合の開示義務

金融商品取引法に基づく法定開示制度においては、オーナー資産管理会社が親会社とみなされる場合の開示義務があります。親会社とみなされるかの判断については、「連結財務諸表における子会社及び関連会社の範囲の決定に関する監査上の留意点についての Q&A」における「Q10⑵」に係る Q&A が実務上、重要な判断基準となります。

Q10：財務諸表提出会社の役員が他の会社の議決権を所有し、それぞれ以下のような状況にある場合には、財務諸表提出会社にとって当該他の会社が子会社等に該当するか否かの判定をどのように行うべきかについて、具体例に基づいて説明してください。

⑴　財務諸表提出会社の役員が議決権の過半数を所有する会社は、財務諸表提出会社の子会社に該当することとなりますか。

⑵　財務諸表提出会社の役員が議決権のすべて（当該役員の配偶者等が所有する議決権を含む。）を所有する会社が、財務諸表提出会社の議決権の過半数を有しているときには、当該会社は財務諸表提出会社の親会社に該当することとなりますか。

A：(1)について

（具体的事例）

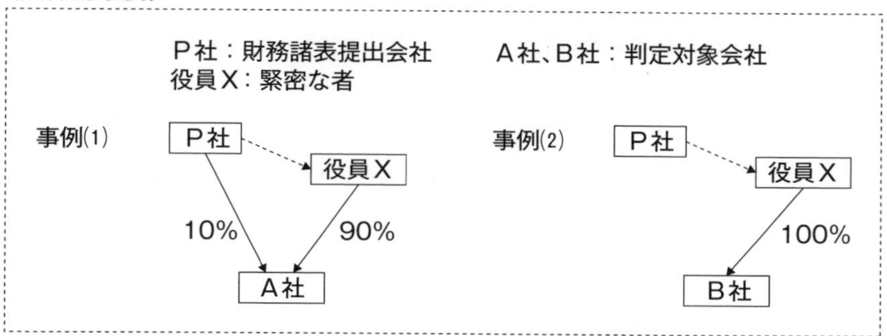

事例(1)のA社は、P社が所有する10%の議決権と、P社にとって一般的に緊密な者と考えられる役員Xが所有する90%の議決権とを合わせて議決権の100%を所有する会社であるため、子会社に該当する可能性があります。

また事例(2)のB社は、P社が議決権を所有していませんが、P社にとって一般的に緊密な者と考えられる役員Xが議決権の100%を所有する会社であるため、子会社に該当する可能性があります。

しかしながら、A社又はB社の事例において財務上又は営業上若しくは事業上の関係等からみて、緊密な者を考慮してもP社が意思決定機関を支配していないことが明らかと認められる場合には、子会社に該当しないこととなります。具体的には、P社と役員X及びA社又はB社の関係状況からみて役員Xの議決権行使の意思がP社と同一でないことが明らかな場合や、A社又はB社が破綻したときに役員Xが損失を実質的に負担する（P社は、議決権の所有割合を超えて損失を負担しない）こととなっている場合には、A社又はB社はP社の子会社に該当しないものと考えられます。

なお、子会社に該当しなかった場合に、A社又はB社がP社の関連会社に該当するか否かについては、出資、人事、資金、技術、取引等の関係を通じて、財務及び営業又は事業の方針の決定に対して、P社が重要な影響力を有しているかどうかによって判断することとなります。

⑵について

（具体的事例）

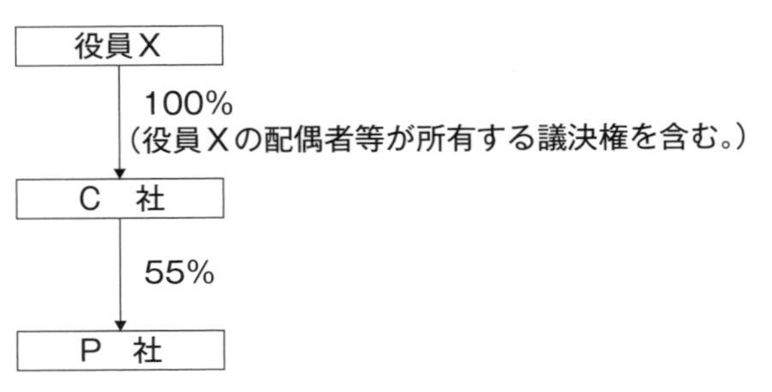

C社は、P社の議決権の過半数を所有しているため、基本的にはP社の意思決定機関を支配しているものと考えられます。

しかしながら、C社が役員X（役員X及びその配偶者等が議決権を所有している場合を含む）の個人的な財産管理会社であり、C社がP社を支配している実態はないと監査上判断できる場合には、P社はC社によって支配されているのではなく、役員Xによって実質的に支配されているものと考え、例外的に、C社はP社の親会社に該当しないものと判断することが認められると考えられます。

出典：日本公認会計士協会公表物（監査・保証実務委員会実務指針第88号「連結財務諸表における子会社及び関連会社の範囲の決定に関する監査上の留意点についてのQ&A」）から転載

上記QA及び財務諸表規則の開示規定を踏まえると、オーナーの資産管理会社が「その他の関係会社（議決権の20％以上を有し会社の財務及び営業又は事業の方針の決定に対して重要な影響を与えることができる会社（財務諸表等の用語、様式及び作成方法に関する規則第8条8項）」と判定され、オーナーの個人資産管理だけをしている会社とは認められない場合には、当該会社の概要・株主・役員・財務諸表等の開示義務が生じるものと考えるべきでしょう。

オーナー資産管理会社が、概ね20％程度以上の上場会社株式を保有するオーナーの資産管理会社で、オーナーの個人資産管理だけをしている会社とは認められない場合には、当該会社の概要・株主・役員・財務諸表等の開示が義務付けられることになります。

<7> 上場に向けた準備と覚悟

このように上場に向けた覚悟として、経営戦略の策定と着実な推進は基より、先述の通り、①中小企業会計から証券取引法会計への昇華、②内部統制体制強化、③上場開示規定に対応するためのプライベート・カンパニーとの遮断、が求められることから、相当な準備が必要となります。

11 ストック・オプション

＜1＞ 概要

ストック・オプションとは、あらかじめ決められた価額(権利行使価額)で、自社の株式を取得することができる権利のことです(会社法上の新株予約権の一種)。自社の業績上昇に伴い株価が上がった場合、権利行使して株式を取得し、時価で売却することによって利益が得られるため、経営陣や従業員等のインセンティブ制度として活用されています。

＜2＞ ストック・オプションの仕組み(具体例)

具体例として、以下のような条件のストック・オプションが１株分付与された場合、付与された者(取得者)は、５年間の間に株価が十分に上昇した時点で(例では４年後)、権利行使価額1,000円を会社に払い込んで株式１株を取得し、市場において1,500円で売却することによって、500円の利益を得ることとなります。

一方、会社の業績が低迷したり、市況が悪かったり等で、株価が権利行使価額を下回って推移したとしても、取得者は権利行使しないという選択ができるため、損失を被ることはありません。

ストック・オプション付与時点の株価	¥1,000	
権利行使価額	¥1,000	①
権利行使期間	５年	
ストック・オプション発行価格	無償	
４年後の株価	¥1,500	②
４年後に権利行使して売却した場合の利益	¥500	②－①

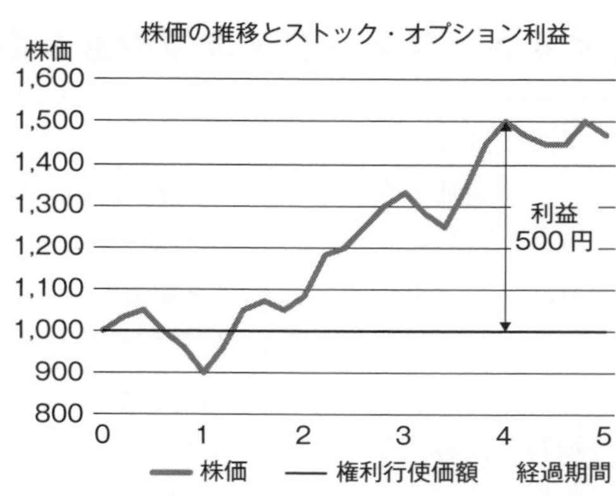

＜3＞　ストック・オプション発行における決議内容

ストック・オプションを発行する際には、以下の項目を定める必要があります。

①　新株予約権の内容及び数

②　新株予約権と引換えに金銭の払込みを要しないこととする場合には、その旨

③　新株予約権と引換えに金銭の払込みを要する場合には、新株予約権の払込金額（新株予約権一個と引換えに払い込む金銭の額）又はその算定方法

④　新株予約権を割り当てる日

⑤　その他、会社法第238条第１項に定める事項

上記の新株予約権の内容とは、以下の項目となります。

ａ．新株予約権の目的である株式の数（種類株式発行会社にあっては、株式の種類及び種類ごとの数）又はその数の算定方法

ｂ．新株予約権の行使に際して出資される財産の価額又はその算定方法

ｃ．新株予約権を行使することができる期間

ｄ．譲渡による当該新株予約権の取得について当該株式会社の承認を要することとするときは、その旨

ｅ．その他、会社法第236条第１項に定める事項

②であれば無償ストック・オプションとなり、③であれば有償ストック・オプションとなります。

＜4＞　ストック・オプション取得者の税金の概要

ストック・オプションである新株予約権は、所得税法上有価証券に該当するため、本来時価で発行することが基本となります。時価で発行されたストック・オプション（有償ストック・オプション）は、発行時・権利行使時とも課税関係はなく、権利行使により取得した株式を譲渡した際に、譲渡所得税がかかります。

一方、時価未満での発行（無償での発行を含む）を行った場合（有利発行）、ストック・オプションの付与を受けた時点（Ａ）、権利行使をした時点（Ｂ）、権利行使により取得した株式を譲渡した時点（Ｃ）のいずれかで課税されることになります。

原則はＡですが（所法36②）、権利の譲渡についての制限その他特別の条件が付されているストック・オプションを与えられた場合はＢとなります（所令84③）。な

お、Bの場合、当該権利行使により取得した株式については、Bの時点の株式時価を取得価額とする株式として取り扱い、その後当該株式を売却した際には譲渡所得課税を受けます。ABとも、所得区分は取得者がストック・オプション発行会社の役員・従業員であれば、給与所得課税となります。しかし、ABの段階ではまだ取得者に現金収入がなく、かつ、権利行使後、株価が下落した場合には手取額が納税額を下回る可能性もあることから、一定の要件(税制適格要件)を満たした場合には株式を譲渡した時点(C)まで課税を繰り延べられます(措法29の2)。Cの時点で課税されるものを税制適格ストック・オプションといいます。

	権利付与時(A)	権利行使時(B)	株式譲渡時(C)	株式の取得価額
時価発行有償ストック・オプション	課税なし	課税なし	譲渡所得課税	ストック・オプションの発行時払込価額+権利行使価額
有利発行で権利の譲渡についての制限その他特別の条件が付されていないストック・オプション	給与所得課税(役員・従業員の場合)	課税なし	譲渡所得課税	ストック・オプションの発行時払込価額+付与時課税された経済的利益の額+権利行使価額
有利発行で権利の譲渡についての制限その他特別の条件が付されているストック・オプション	課税なし	給与所得課税(役員・従業員の場合)※	譲渡所得課税	権利行使時株式時価
税制適格ストック・オプション	課税なし	課税なし	譲渡所得課税	権利行使価額

※<5>で説明する退職金型1円ストック・オプションの場合は退職所得

給与所得課税となると、他の所得を合わせ、累進課税となりますので、住民税を含めた税率は最高で約55%となります。これに対し、譲渡所得の場合、同じく住民税含め約20%となります。ストック・オプションによる利益額が大きい場合、スキームにより税額が大きく変わることになります。そのため、ストック・オプションをどう設計するかは、他の条件含め、慎重に検討する必要があります。

＜5＞　ストック・オプションの種類

ストック・オプションには、主に以下のような種類のものがあります。

① 税制適格ストック・オプション
② 時価発行有償ストック・オプション
③ 退職金型１円ストック・オプション（株式報酬型ストック・オプション）
④ 信託型ストック・オプション

（1）税制適格ストック・オプション

ストック・オプションの付与を受ける際に、対価の払込を必要としない無償のストック・オプションで、かつ、税制上の優遇措置が受けられるものです。＜4＞で記載した通り、株式譲渡時まで課税が繰り延べられ、かつ、所得区分は譲渡所得のみとなります。したがって、税制適格要件を満たし、他に障害となる条件がない場合は、まず税制適格ストック・オプションの発行を検討するとよいかと思います。
税制適格ストック・オプションとなるためには、以下の要件を満たす必要があります。

付与対象者	発行会社もしくその子会社の取締役、執行役若しくは使用人である個人（付与決議日において当該会社の大口株主[注1]及びその特別関係者を除く）もしくは当該取締役等の相続人
年間の行使制限	ストック・オプションの年間権利行使価額の総額が、1,200万円を超えないこと（超えることとなる場合には、当該1,200万円を超えることとなるストック・オプションの行使による株式の取得に係る経済的利益について税制適格とならない）
ストック・オプションに関する契約書への記載事項	当該ストック・オプションの権利行使は、権利付与決議の日後２年を経過した日から10年を経過する日までの間に行わなければならないこと
	当該ストック・オプションの年間権利行使価額の総額が、1,200万円を超えないこと
	当該ストック・オプションの行使に係る一株当たりの権利行使価額は、当該ストック・オプションに係る契約を締結した株式会社の株式の当該契約の締結の時における一株当たりの価額に相当する金額以上であること（時価以上であること）

	当該ストック・オプションについては、譲渡をしてはならないこととされていること
	当該ストック・オプションの行使に係る株式の交付が当該交付のために付与決議がされた会社法第238条第１項に定める事項に反しないで行われるものであること
	当該ストック・オプションの行使により取得をする株式につき、当該行使に係る株式会社と金融商品取引業者等との間であらかじめ締結されるストック・オプションの行使により交付をされる当該株式会社の株式の振替口座簿への管理等信託に関する取決めに従い、当該取得後直ちに、当該株式会社を通じて、当該金融商品取引業者等の振替口座簿に記載若しくは記録を受け、又は当該金融商品取引業者等の営業所若しくは事務所に保管の委託若しくは管理等信託がされること

（注１）　大口株主とは、未上場会社の場合は発行済株式数の３分の１を超えて保有する個人株主、上場会社の場合は発行済株式数の10分の１を超えて保有する個人株主をいいます。

（注２）　令和元年度の税制改正により、設立10年未満等の一定の要件を満たす株式会社が「社外高度人材活用新事業分野開拓計画」を策定し、主務大臣による認定を受けることで、当該計画に沿って行う新事業に従事する社外高度人材に対しても、税制適格ストック・オプションを付与することができるようになっています。

この中で、経営者がご自身のためにストック・オプションを発行する場合に、よく障害となるのは、大口株主が対象者から外されているという要件です。非上場会社で発行済株式数の３分の１、上場会社で10分の１を超えて保有するオーナー経営者に付与する場合、税制適格ストック・オプションとなりません（保有比率は個人が直接保有する株数のみで判定します。よって、資産管理会社等を通じて保有する株式に関しては除いて判定します。）。

また、ストック・オプションを発行する時点で既に時価総額がかなり高い会社の場合、年間の権利行使価額の総額が1,200万円を超えないことという要件も障害となる場合があります。さらには、未上場会社がストック・オプションを発行する場合、金融商品取引業者等との間で振替口座簿への管理等信託に関する取決めを行うという要件についても障害となることがあります。行使時点で上場していれば特に問題にはなりませんが、非上場のまま行使しようとすると、金融商品取引業者等によっては、契約できない場合もあるようです。

これらの障害により、税制適格ストック・オプションを経営者ご自身のために発行できない場合などは、有償ストック・オプションの発行を検討することになります。

(2)時価発行有償ストック・オプション

時価発行の有償ストック・オプションの場合、株式譲渡時に譲渡所得課税が行われるだけのため、オーナー経営者等大口株主においても、税制上のメリットが得られるストック・オプションを取得することができます。

ただし、無償のストック・オプションと異なり、ストック・オプションを発行する時点において、当該ストック・オプションの時価に相当する価額を会社に払い込む必要があります。ストック・オプションの時価は、ブラックショールズモデルや二項モデル、モンテカルロシミュレーションなどのオプション評価理論に基づく方法によって評価します。ストック・オプションの発行ニーズが高いベンチャー企業の場合、株価のボラティリティ(株価リターンの変動率)が高い企業が多く、何も制限を付けないオプション価格は高くなる傾向にあります。ストック・オプションの発行時の初期投資を低くするためには、業績要件などの権利行使制限条項を付して、オプション価格を低くする必要があります。この場合、モンテカルロシミュレーションなどにより、オプション価格を算定しますが、一般的に当該価格算定は外部の専門家に依頼することになります。権利行使制限条項が付されること、外部専門家への報酬が必要となる点などのデメリットがありますが、それを有償ストック・オプションの税制上のメリットが上回るようであれば、有償ストック・オプションを発行することになります。

(3)退職金型1円ストック・オプション(株式報酬型ストック・オプション)

退職金型1円ストック・オプションは、無償税制非適格ストック・オプションの1種で、権利行使価額が1円とされているため、権利行使及び売却によりその時点の株式時価を報酬としてもらうのと同等の効果があります。税制非適格ですので、権利行使時課税になります。ただし、権利行使期間が退職から一定期間に限定されている等、退職に基因して権利行使が可能となっていると認められる場合には、所得税法第30条第1項に規定する「退職により一時に受ける給与」となり、権利行使時の所得区分は退職所得となります(国税庁 HP 文書回答事例「権利行使期間が退職から10日間に限定されている新株予約権の権利行使益に係る所得区分について」(平成16年11月2日))。退職所得であれば、退職所得控除後、一定の要件のもと所得を2分の1にして課税されますので、累進課税ではありますが、住民税を含めた税率は最高で約27%となります。

(4)信託型ストック・オプション

①～③までみてきたストック・オプションは、すべて付与時に付与対象者を特定する必要があります。成長途上の会社がストック・オプションをインセンティブに外部の有能な人材を採用しようとした場合、毎年のようにストック・オプションを発行することになる可能性があります。成長に合わせて株価が継続的に上昇している場合、後から入社する方ほど、権利行使価額が高い不利なストック・オプションしか取得できないことになります。

これに対して、信託型ストック・オプションであれば、最初に発行したときの権利行使価額のまま、付与対象者や付与数を後決めできます。あらかじめストック・オプションを信託財産として交付しておくことで、既存の役員・従業員の他、発行時点で入社していない人にも、ポイントプログラムなど会社に対する貢献度に応じて付与することができます。最終的にストック・オプションの付与を受けた者の課税関係は、株式の譲渡時における譲渡所得課税のみとなります。

このようなメリットがある信託型ストック・オプションですが、いくつかデメリットもあります。まず、最初に経営者・株主等が信託の委託者となり、その際に有償ストック・オプション取得のための金銭を拠出する必要があります。当該金銭については、法人信託課税がなされます。つまり、信託したい有償ストック・オプションの発行価格＋法人税相当額の合計を、経営者等の個人が金銭負担する必要があります。また、スキームの設計、ポイントプログラムの設計・運用等に外部の専門家のアドバイスが必要となります。さらには信託会社への手数料も発生します。

信託型ストック・オプションは、経営者本人のためというより、経営者が経営する会社が成長中であり、既存役職員、将来採用する人材を含め、会社への貢献度に応じて、事後的に割当者を決めたい場合に、検討するスキームとなります。組成コストは高いですが、他にはないメリットがあるスキームとなります。

12 事業承継の具体的方策

＜1＞　種類株式と税務の概要

種類株式は、会社法上で９つの種類株式が明記されています（会社法108、109）。記載されている９つの種類株式以外にも、組み合わせ次第で多様な種類株式の設計が可能ですが、実務上あまり種類株式は積極的に利用されていません。

実務上利用されない理由の一つに、定款変更が必要という点が挙げられます。定款変更は株主総会の特別決議が必要となるため、株主が多数の場合には機動性に欠けることになります。もう一つは、新株を発行するか、既存の普通株式を種類株式へ変更するかの２択が必要となる点です。新株を発行する場合には、資本金等の金額が増加することになるため、地方税の均等割額の増加や、登記変更の際の登録免許税の増加、あるいは設立２年目までの消費税の免税事業者除外など事業者にとって不利となる状況が生じることがあります。他方、既存の普通株式を種類株式へ変更する場合には、株主全員の同意が必要となるなど、手続きが煩雑となるため、実務で利用するためにはいずれも高いハードルとなることでしょう。

また、種類株式の利用が進まない点の一つとして出口戦略の立案の難しさにあります。

ただし、後で触れる事例にもありますが、利用の仕方次第で、事業承継など様々な場面で利用することが可能です。

詳しくは＜2＞＜3＞の事例で解説することとし、税務上の評価についての概要を先に説明します。

税務における種類株式の評価については、「配当優先の無議決権株式」、「社債類似株式」そして「拒否権付株式（いわゆる黄金株）」の３つについてのみ、以下のように、財産評価基本通達により税務上の評価が明確化されています。

種類株式の種類	評価内容
配当優先の無議決権株式	普通株式と同様に評価(※)
社債類似株式	社債とみなして同様の評価
拒否権付株式	普通株式と同様に評価

※　一定の条件を満たす場合に、相続税申告書において無議決権株式を５％減、議決権株式を５％増とすることができる。

しかし、上記以外の種類株式については評価方法が明記されていません。そのため、他の種類株式については、一旦、普通株式をベースに評価することが適切な処理であると考えられます。

＜2＞　黄金株式を活用した事業承継の具体例

(1) 事例の概要

【親族ではない役員への事業承継に拒否権付株式を活用した事例】

先代社長の死亡後、その妻が後継として社長を務めていたが高齢となったため、経営権を親族外役員へ譲ることとなった。妻には成人している子がおり、社内に在籍しているものの、まだ経験が乏しく、現段階において後継者とすることは難しいと判断したためである。将来的にはその子に承継させることも選択肢として残したいという経営者の思いから、以下のスキームを実行した。

(2) スキーム概要

全体のスキームは次のように行った。

Step ①：全株式は先代の妻である現社長が保有していたが、そのうち一株を拒否権付株式へ転換した。

Step ②：拒否権付株式には、取得条項を付けて次期後継者が退社もしくは死亡など一定の事由が生じた際に、会社が当該株式を取得できるように設定している。

Step ③：現社長から次期社長に拒否権付株式を譲渡した。

これにより、資産としての会社株式のほとんどを譲渡することなく、次期経営を担う親族外役員へ経営権を渡すことで、実質的な事業承継をすることが可能となった。

＜黄金株式を活用した事業承継の具体例＞

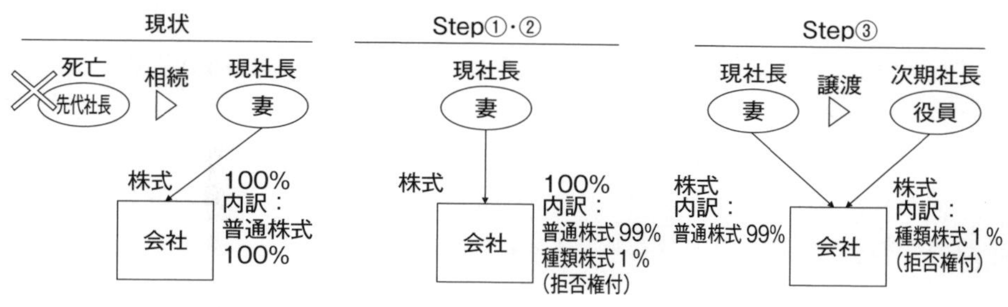

留意点

黄金株式を活用した事業承継スキームの留意点は次のように整理できる。

① この方法によると、転換するにあたり全株主の承認を得る必要があるためハードルが高くなるが、資本金等を増加させる新株発行による種類株式の発行手法との選択になる。

② 拒否権付株式を必要としなくなった際の選択肢をあらかじめ準備しておく必要がある。

今回のケースでは、取得条項を付与して、一定の事由が発生した場合に、拒否権付株式を付与された次期社長から会社が取得できるように、あらかじめ設定してあった。

③ 拒否権付株式は非常に強力な権限を有することとなるため、誰に対して発行(譲渡)するかが極めて重要である。

④ 次期後継者が保有する資産状況も考慮したうえで、取得できる株式価格になるよう、事前に株式分割を実施するなど事前調整も実施しておく必要がある。

⑤ 将来的には、妻の子以下に事業承継の可能性が残るよう、黄金株以外の発行済株式は、先代経営者の妻が保有したままとしている。

[基礎知識]

① 全部取得条項付株式(種類株式)と取得条項付株式(属人株式)の違い

全部取得条項付株式は種類株式であり、株主総会の特別決議により会社が発行する株式の全部を取得することができる権限が付与されている株式です。他方、取得条項付株式はあらかじめ定められた一定の条件等により会社が個別の株主より株式を取得することができる株式であり、発行に当たっては当該種類を有する株主全員の同意が必要となります。

属人株式のメリットは、種類株式と異なり会社の全部履歴事項証明書に記載されないため、外部者からはわからないという点があげられます。また、取得にあたり株主総会等の開催が不要である点もメリットとして挙げられます。

同族会社など、株主が限定されているようなケースにおいては、取得条項付株式が相続や事業承継対策として大いに活用が可能です。

② 取得条項における取得価額の決定には相続税評価額を採用しない

なお、取得条項付株式を発行する際には、取得価格を明確にしておくなど、あらかじめ一定の条件を事前に定めておく必要があります。

実務上は、税法ベースの相続税評価額を用いて算定されることが多く、特に同族株主が取得する場合には、税務上の純資産価額方式、類似業種比準方式あるいはその併用が利用されることがあると思いますが、仮に争いが発生した場合には、支配株主に対しては、DCF 法などの「収益還元法」及び「純資産法」が用いられる傾向があります。のちに取得価額をめぐってのトラブルが発生しないよう、あらかじめ当事者が納得できる取得価額にしておくことにご留意ください。

＜3＞　全部取得条項付株式を活用した事業承継の事例

(1)事例概要

【経営方針を巡る MBO としての全部取得条項付株式の活用】

甲社の代表取締役Ａが、甲社普通株式の50％を保有し、創業メンバーであるＢとＣがそれぞれ25％ずつ甲社株式を保有している。

創業から10年ほど経過した近年、甲社の新規事業投資を巡る経営方針に関し意見の対立が生じるようになった。Ｂは新たな事業展開を行うための投資について賛成しているものの、Ｃは真っ向から反対しており、会社の運営に重大な支障をきたすようになった。ＡはＣに保有する甲社株式買取りを提案したものの、拒否されている。

そのため、以下のスキームを提案実行した。

(2)スキーム概要

全体スキームは次のように行った。

Step ①：甲社株主総会の特別決議により、定款変更及び甲社が発行している普通株式を全部取得条項付株式へ変更するとともに、新たな株式を発行することができる旨の承認を得る。

全部取得条項付株式への変更は、種類株式への変更に該当するため、議決権の３分の２以上で承認可決される特別決議によるところ、株主Ｃがこれに応じなかったとしても、Ａ及びＢの議決権合計が３分の２を超えることになる。

Step ②：甲社がＡ、Ｂ及びＣの保有する全株式を適正な価格により取得する。

Step ③：甲社が新株を発行し、Ａ及びＢが払込を行う。

これにより、甲社からＣが離脱することとなり、意見対立のため運営が難しかった経営を修正することが可能となった。

＜全部取得条項付株式を活用した事業承継の具体例＞

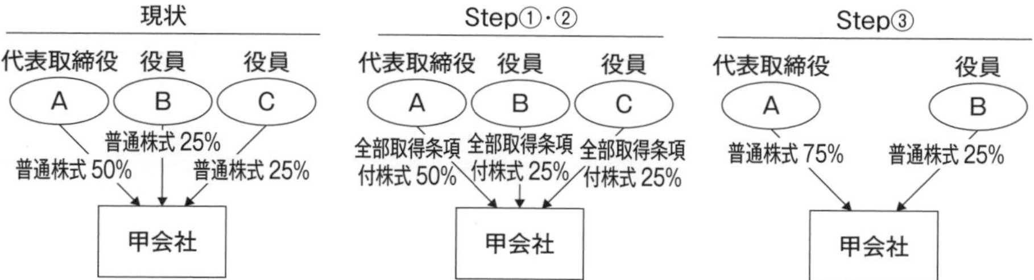

留意点

全部取得条項付株式を活用した事業承継スキームの留意点は次のように整理できる。

① Ｃとの間で訴訟が発生することを前提に、リスクをできる限り低減させる取得株価の算定を行う。

② 甲社が全部取得条項付株式を取得することになるため、財源規制を確認し、配当可能限度額の枠内での実行にとどめるように留意する。

③ 資本金が多額とならないよう、自己株式を消却する。

④ みなし配当の発生に留意するとともに、発生する場合には源泉徴収を失念しないようにする。

13 事業承継税制の有効活用

＜1＞ 事業承継税制概要(平成30年度税制改正)

事業承継税制は、創設来数十年の中、平成20年５月の「経営承継円滑化法」施行と共に平成21年度税制改正での大幅な見直しが図られたものの、事業継続要件等厳しい制約があったことから、その活用件数は限定的な状況が続いていました。平成30年度税制改正において特例措置(時限立法)が設けられ、大幅にその問題点等が是正されています。

	一般措置	特例措置
①納税猶予の対象	株式数：上限３分の２ 相続税：80％	株式数：上限撤廃 相続税：100％
②税制の対象	１人の先代経営者から１人の後継者への贈与・相続のみ	親族外を含む複数の株主から、最大３人までの後継者への承継も可能
③雇用確保条件	５年間で平均８割以上の雇用を維持できなければ猶予打ち切り	未達成の場合でも猶予を継続可能
④後継者が廃業や売却を行う際の条件	承継時の株価をもとに贈与・相続税が計算されるため過大な税負担が生じうる	廃業・売却時の評価額をもとに納税額を計算し、承継時の株価との差額は減免。

① 対象株式が100％に拡大されました。

また、納税猶予割合も80％⇒100％となり、対象株式に係る贈与税・相続税全額(利子税９％を除く)について、納税猶予が受けられるようになりました。

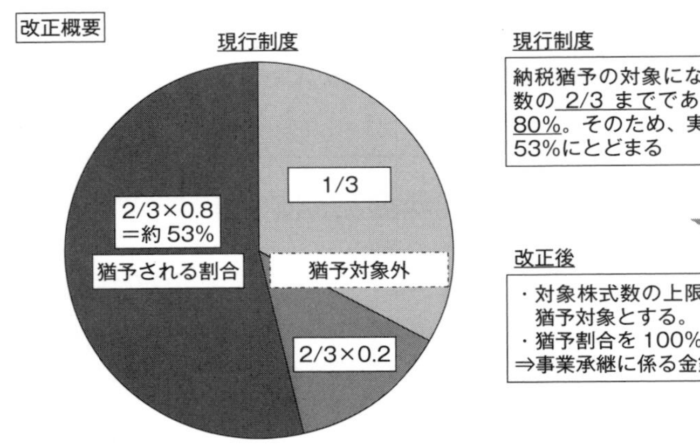
改正概要
現行制度
1/3
2/3×0.8
＝約 53%
猶予される割合
猶予対象外
2/3×0.2

現行制度

納税猶予の対象になるのは、発行済議決権株式総数の 2/3 までであり、相続税の納税猶予割合は 80%。そのため、実際に猶予される額は全体の約 53%にとどまる

改正後

・対象株式数の上限を撤廃し議決権株式の全てを猶予対象とする。
・猶予割合を 100%に拡大。
⇒事業承継に係る金銭負担はゼロとなる

（出典：経済産業省資料「平成30年度経済産業関連税制改正について」）

② 税制の対象となる想定後継者が一人であったところが、複数の株主から最大３人の後継者候補を選定できるようになりました。

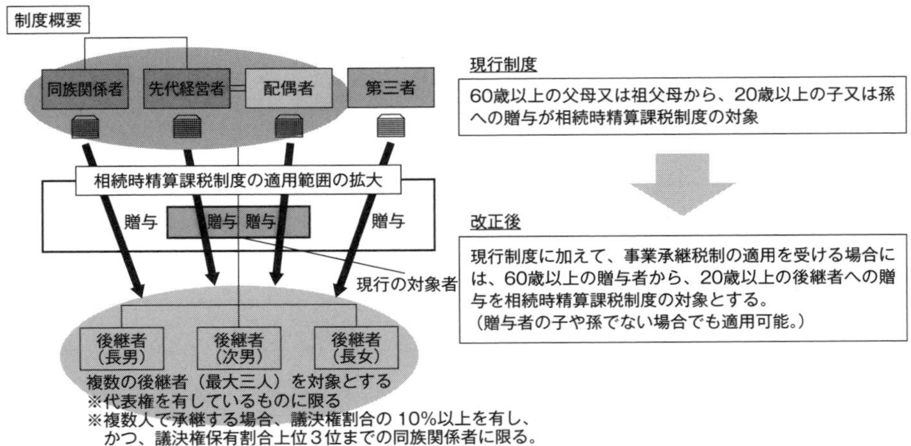
制度概要
同族関係者
先代経営者
配偶者
第三者
相続時精算課税制度の適用範囲の拡大
贈与
贈与
贈与
贈与
現行の対象者
後継者（長男）
後継者（次男）
後継者（長女）
複数の後継者（最大三人）を対象とする
※代表権を有しているものに限る
※複数人で承継する場合、議決権割合の 10%以上を有し、
かつ、議決権保有割合上位３位までの同族関係者に限る。
現行制度
60歳以上の父母又は祖父母から、20歳以上の子又は孫への贈与が相続時精算課税制度の対象
改正後
現行制度に加えて、事業承継税制の適用を受ける場合には、60歳以上の贈与者から、20歳以上の後継者への贈与を相続時精算課税制度の対象とする。
（贈与者の子や孫でない場合でも適用可能。）

（出典：経済産業省資料「平成30年度経済産業関連税制改正について」）

③ 雇用確保要件…この雇用確保要件が事業承継税制適用に当たっての大きな壁となっていた適用要件ですが、弾力条項(次図)により、その壁が取り除かれたものと思われます。

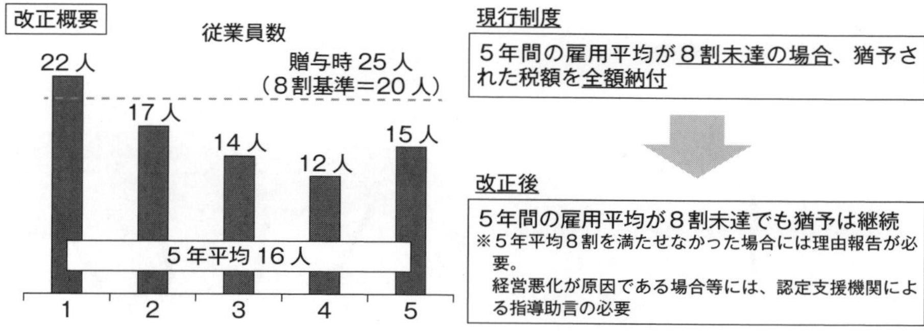

（出典：経済産業省資料「平成30年度経済産業関連税制改正について」）

④　事業継続要件…不測の事業環境において経営を継続することは現実的でありませんでしたが、こちらにつきましても、弾力条項（次図）により、その壁が取り除かれたものと思われます。

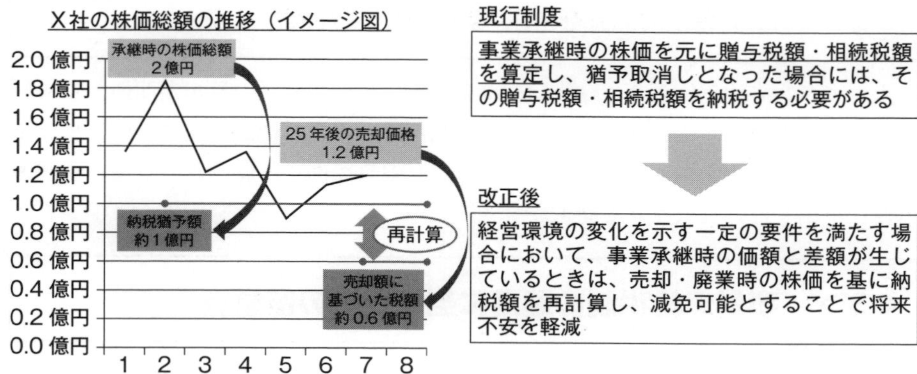

（出典：経済産業省資料「平成30年度経済産業関連税制改正について」）

⑤　推定相続人限定…推定相続人でなくとも、後継者として選定できるようになりました。

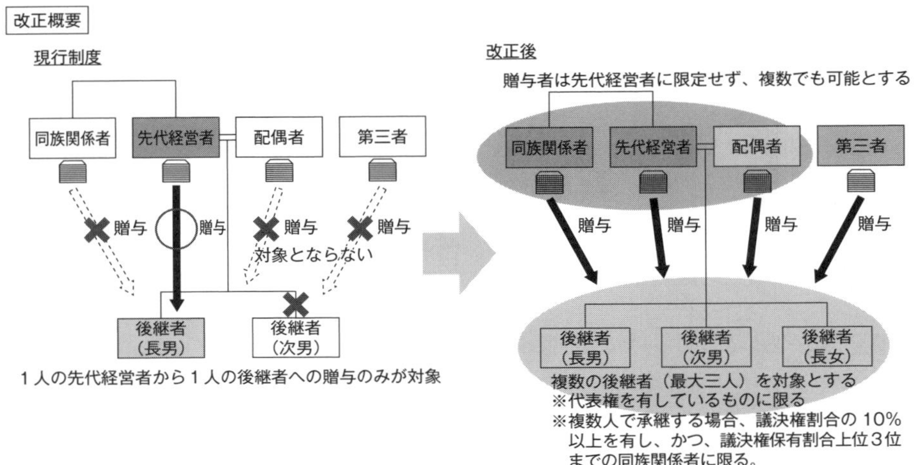

（出典：経済産業省資料「平成30年度経済産業関連税制改正について」）

＜２＞　事業承継税制を適用すべき方の特徴

上記＜１＞の改正により、今後は、事業承継に係る相続税の負担が問題となっいた全ての中小企業がこの制度を活用すべき状況になったと認識して良いかと思います。ただし、平成30年４月１日～令和５年３月31日の間に「特例承継計画」を都道府県に提出しなければなりません。

＜３＞　事業承継税制の適用に当たっての留意点

対象企業が、その適用要件である「中小企業」であることを確認してください。

業種分類	中小企業基本法の定義
製造業その他	資本金の額又は出資の総額が３億円以下の会社又は 常時使用する従業員の数が300人以下の会社及び個人
卸売業	資本金の額又は出資の総額が１億円以下の会社又は 常時使用する従業員の数が100人以下の会社及び個人
小売業	資本金の額又は出資の総額が５千万円以下の会社又は 常時使用する従業員の数が50人以下の会社及び個人
サービス業	資本金の額又は出資の総額が５千万円以下の会社又は 常時使用する従業員の数が100人以下の会社及び個人

上記に掲げた中小企業の定義は、中小企業政策における基本的な政策対象の範囲を定めた「原則」であり、法律や制度によって「中小企業」として扱われている範囲が異なることがあります。

・多くの補助金・助成金にて「みなし大企業」として大企業と密接な関係を有する企業が対象から外れる場合があります。詳しくは各制度の担当者にお問合せ下さい。

・法人税法における中小企業軽減税率の適用範囲は、資本１億円以下の企業が対象です。

・中小企業関連立法においては、政令によりゴム製品製造業(一部を除く)は、資本金３億円以下または従業員900人以下、旅館業は、資本金５千万円以下または従業員200人以下、ソフトウエア業・情報処理サービス業は、資本金３億円以下または従業員300人以下を中小企業とする場合があります。法令所管課にお問合せ下さい。

・平成26年４月より日本標準産業分類の第13回改訂が施行されています。

(参考)

日本標準産業分類第13回改訂に伴う中小企業の範囲の取扱いについて(中小企業庁「中小企業の定義について」)

14 株式売渡請求その他実務上の課題

＜1＞ 株式売渡請求の利用場面

総株主の議決権の90％以上を保有している特別支配株主には、他の少数株主全員に対して、保有している株式を特別支配株主に売り渡すことを請求することができる「株式売渡請求権」が認められています(会社法179①)。

これにより、会社の発行済株式の全てを取得する完全支配化を行うことが可能となります。

従来は、株主総会の特別決議を経て種類株式の一種である「全部取得条項付株式」を発行して、完全支配化を行っていましたが、株式売渡請求は株主総会決議を必要としないため、実務上の利用価値がより高いとされています。

平成２年までは株式会社の設立には７名の発起人が必要であったこともあり、その名残を受けて、その後に相続税負担を軽減させる目的等の理由から親族等に譲渡したり、あるいは、その後に発生した相続等で株式が分散するなど、設立からの経過年数が多い会社ほど株式の分散化の傾向が見受けられます。

このように、株式が多数の株主に分散しているケースでは、事業承継やM&Aなどを検討実行する場合には、一般的に株式譲渡等の実行に手間と時間がかかることから、この株式売渡請求を利用することで、事前の株主整理が可能となり、現経営陣に株式を集約することができるため、事業承継やM&A等の準備段階として非常に有効な手段であるといえます。

＜2＞ 株式売渡請求の手続き

(1)株式売渡請求手続

株式売渡請求の手続きは次のようになります。

① 特別支配株主が会社に対して、取得日、売渡価格等を定め売渡請求の通知を行う。

② 会社の取締役決議の承認を得る。

③ 会社は、取得日の20日前までに少数株主に対して、①及び②に関する所定の通

知を行う。

④　合意された売渡価格等に基づき、特別支配株主と少数株主との間で金銭を対価として株式の譲渡がなされる。

(2)留意点

支配株主に資力がない場合に、会社が発行した株式の買取りをする「自己株式取得」を行うと、株主にみなし配当課税が生じるケースもあるため、事前のシミュレーションにより確認して進めることが重要となります。

また、譲渡する場合の株価についても、その適正価額としての「時価」が問題となります。誰から誰に対する譲渡なのかも含め、税務上問題となる取引価額となってしまうリスクがないよう、事前に十分な検討を行っておく必要があります。

＜3＞　株式売渡請求時の株式評価

会社法では、公正な評価額とされており、当事者間の合意が得られたとしても、税務上の「時価」に該当するかどうか、最後までそのリスクを確認する必要があります。

特別支配株主による株式売渡請求の場合には、まず、当事者間の合意がなされる売渡価格が提示できるかどうかがとても重要になります。取得する特別支配株主にとっては、できる限り安く取得したいと思うのが通常であるところ、売渡しを行う少数株主にとってはできる限り高く譲渡したいと考えるのが通常です。その点、力関係の弱い少数株主が不利にならないよう、会社法では、売渡価格に不服があれば、取得日の20日前から取得日の前日までに、裁判所に対して売買価格の決定の申立てをすることができる(会社法179の８)ほか、売渡により不利益が発生する場合には、売渡をやめることを請求すること(会社法179の７)が認められています。

税務上、特別支配株主が取得する場合には原則的評価法が採用され、「純資産価額方式」や「類似業種批准方式」又はその併用がなされることになります。

実務上は、税法ベースの相続税評価額を用いて算定されることが多いと思います。

同族株主以外の少数株主に対しては、財産評価基本通達の「配当還元方式」により算定された売渡価格を利用しがちですが、仮に争いが発生した場合には、一般的に支配株主に対しては、DCF 法などの「収益還元法」及び「純資産法」が用いられる傾向があり、また、少数株主に対しては、「配当還元法(注)」が用いられる傾向があるため、税法ベースの株式評価とは異なることになるので注意が必要です。

特に、売渡価格が税法ベースによって算定されている場合には、争いが起こった際に裁判所が採用する適正評価額よりも低く算定されていることが通常であるため、少数株主としては、株式売買価格決定の申立てを行うことに一定の経済的合理性があり、価格に問題がある場合の争いが起こりやすくなる傾向があるといえます。そのため、税法に従った売渡価格が、関係者にとって万全を期しているとはいえないことはあらためて理解しておく必要があります。

これらのことを回避するには、当事者の合意形成が得られる売渡価格を事前にシミュレーションしておくなど、争いごとを避ける努力をするほかありません。税法の評価方法だけにとらわれることなく、当事者間の納得が得られる売渡価格を探していくことが重要だと考えます。

(注) 「配当還元法」：１株あたりの予想配当金額を資本還元率で割り戻すことにより株式価値を算出する方法をいい、財産評価基本通達における「配当還元方式」とは異なる点に注意が必要です。

では、実務においてどのように評価を行うことがよいのかが問題となりますが、少数株主から支配株主への株式の買取りについて、参考とすべき判決を紹介します。

〈贈与税決定処分取消請求事件(東京地方裁判所平成17年(行ウ)第199号贈与税決定処分取消請求事件(棄却)(確定)東京地方裁判所平成19年１月31日判決〉
みなし贈与(相７条)

(概要)

Ａ社の創業者であり、代表取締役であり、かつ、筆頭株主であった甲が、平成10年２月18日から同11年２月24日にかけて合計116人の株主から１株1,250円(うち３名にのみ１株850円の譲渡あり)で、Ａ社株式を取得した。これに対し所轄税務署長は、Ａ社株式の時価(相続税評価額)は平成10年分は１株8,291円～8,603円、平成11年分は１株21,183円～21,732円であり、本件各譲受けは相続税法７条の「著しく低い価額の対価で財産の譲渡を受けた場合」に当たるとして、甲に平成10年分と平成11年分の贈与税の決定処分をし、無申告加算税と合わせると５億円以上の課税をしたため争いとなった事案。

(解説)

東京地裁は甲がＡ社の代表取締役であり、かつ、筆頭株主であることなどから「原告の方が本件各譲渡人に比べて圧倒的に優位な立場にあり、原告と本件各譲渡人とは、売却時期及び売却価額等の売却の条件を対等な立場で交渉できるような関係ではなかったものというべきである。」とし「本件各譲受価額は、原告が、本件各譲渡人の意向とは無関係に、一方的に決めた価額であるといわざるを得ない。」としています。また甲は「本件における買取価額は、公認会計士や税理士等の専門家に相談して決めたものでも、評価通達に定められた評価方法を基に算定したものでもなく、原告が大体の感覚で決めた」と述べていることから「原告が買取価額の設定をする際に何らかの合理的な方法に基づく計算を行ったという事実は認められない」としました。

以上より「本件各譲受価額は本件各株式の本件各譲受日における客観的交換価値を正当に評価したものとはいえない」とし、課税当局の主張を全面的に認めた判決が下されました。これにより、独立した第三者間取引においても相続税法7条が適用されることが明確になりました。

同判決により、配当還元価額を利用した売却は、同族株主の経営支配関係が及ばない状況でないと成立しないということが示されたことになり、同族会社の株式を売買する場合には、実務上、買主及び売主の置かれた立場にも着目しながら取引を行うことが必要であり、そのためにも事前の税務リスクの検討が必要不可欠となることが明らかになったといえるでしょう。

（税務訴訟資料第257号順号10622）

15 完全なる投資家としてのタックスマネジメント

＜1＞　エンジェル税制

(1)概要

エンジェル税制とは、スタートアップ企業への投資を促進するために該当企業へ投資を行った個人投資家が、投資時点と売却時点で税制上の優遇を受けることができる制度です。

なお、他人から譲り受けた株式や、現物出資により取得した株式は対象外となるため留意が必要です。

(2)税務上の取扱い

スタートアップ企業に投資した年度において、その株式投資金額から2,000円を差し引いた金額を、その年の総所得金額から控除することができる優遇措置Ａ又は、その株式投資金額全額を、その年の他の株式譲渡益から控除する優遇措置Ｂを選択することができます。

また、スタートアップ企業の株式を売却し損失が発生した年度においては、当該株式売却により発生した株式譲渡損失を、他の株式譲渡益と損益通算できるほか、その年度に通算しきれない損失については、翌年以降３年にわたって通算することができます。

なお、エンジェル税制の優遇措置を受けるためには、基準日において企業要件と個人投資家要件をすべて満たす必要があります。

①　優遇措置Ａ

設立後３年未満で一定の要件を満たすスタートアップ企業に対して投資を行った場合には、その年度の総所得金額から、「対象企業への投資額－2,000円」を控除することができます。なお、控除対象となる投資額の上限は、総所得金額の40％と1,000万円のいずれか小さい額となります。

ⅰ）企業要件

・創業（設立）３年未満の中小企業者であること

・下記の要件を満たすこと

設立経過年数（事業年度）	要件
１年未満かつ最初の事業年度を未経過	研究者あるいは新事業活動従事者が２人以上かつ常勤の役員・従業員の10％以上。
１年未満かつ最初の事業年度を経過	研究者あるいは新事業活動従事者が２人以上かつ常勤の役員・従業員の10％以上で、直前期までの営業キャッシュ・フローが赤字。
１年以上～２年未満	試験研究費等（宣伝費、マーケティング費用を含む）が収入金額の３％超で直前期までの営業キャッシュ・フローが赤字。または、新事業活動従事者が２人以上かつ常勤の役員・従業員の10％以上で、直前期までの営業キャッシュ・フローが赤字。
２年以上～３年未満	試験研究費等（宣伝費、マーケティング費用を含む）が収入金額の３％超で直前期までの営業キャッシュ・フローが赤字。または、売上高成長率が25％超で直前期までの営業キャッシュ・フローが赤字。

（出典：中小企業庁 HP）

ⅱ）個人投資家要件

・金銭の払込みにより、対象となる特定中小会社の株式を取得していること

・出資先の特定中小企業会社が同族会社である場合には、所有割合が大きいものから第３位までの株主の所有割合を順に加算し、その割合が初めて50％超になるときにおける株主グループに属していないこと

② 優遇措置Ｂ

設立後10年未満で一定の要件を満たすスタートアップ企業等に対して投資を行った場合、その年の他の株式譲渡益から、対象企業への投資額全額を控除することができます。なお、控除対象となる投資額の上限はありません。

ⅰ）企業要件

・創業（設立）10年未満の中小企業者であること

・下記の要件を満たすこと

設立経過年数	要件
１年未満	研究者あるいは新事業活動従事者が２人以上かつ常勤の役員・従業員の10％以上
１年以上～ ２年未満	試験研究費等（宣伝費、マーケティング費用を含む）が収入金額の３％超。または、新事業活動従事者が２人以上かつ常勤の役員・従業員の10％以上
２年以上～ ５年未満	試験研究費等（宣伝費、マーケティング費用を含む）が収入金額の３％超。又は、売上高成長率が25％超
５年以上～ 10年未満	試験研究費等（宣伝費、マーケティング費用を含む）が収入金額の５％超

（出典：中小企業庁 HP）

ⅱ）個人投資家要件

・金銭の払込みにより、対象となる特定中小会社の株式を取得していること
・出資先の特定中小企業会社が同族会社である場合には、所有割合が大きいものから第３位までの株主の所有割合を順に加算し、その割合が初めて50％超になるときにおける株主グループに属していないこと

③　売却時点で受けられる所得税の優遇措置

対象企業の株式売却により生じた損失を、その年の他の株式譲渡益と損益通算することができるほか、その年に通算しきれなかった損失については、翌年以降３年にわたって、株式譲渡益と損益通算することができます。

なお、投資年度においてエンジェル税制の優遇措置Ａ若しくは、優遇措置Ｂの適用を受けた場合には、その控除対象金額を取得価額から差し引いて売却損失を計算することになります。

留意点

エンジェル税制の対象となる中小企業の範囲は以下の通りです。

業種	資本金の額		従業員数
製造業、建設業、運輸業、その他の業種	3億円以下	又は	300人以下
卸売業	1億円以下	又は	100人以下
サービス業	5,000万円以下	又は	100人以下
小売業	5,000万円以下	又は	50人以下
ゴム製品製造業(注)	3億円以下	又は	900人以下
ソフトウエア業、情報処理サービス業	3億円以下	又は	300人以下
旅館業	5,000万円以下	又は	200人以下

(注)　自動車又は航空機用タイヤ及びチューブ製造業並びに工業用ベルト製造業を除きます。

(参考：中小企業等経営強化法２一～五号)

(3)手続き

①　投資方法

エンジェル税制における株式を取得する方法については、スタートアップ企業に直接投資を行う方法と、認定投資事業有限責任組合への出資を通じて投資を行う方法があります。

②　申請方法

申請方法には、投資を受ける前に事前確認申請を行い、エンジェル税制の企業要件をみたす旨の確認を受ける方法と事前確認を受けない方法とがあります。

ｉ）事前確認制度を利用する方法

イ）投資を受ける前に、基準日(申請日)において企業要件をみたす旨の事前確認申請を行います。

ロ）事前確認の有効期限内に投資を受けた後に、基準日(払込期日又は払込日)において企業要件、個人投資家要件をみたす旨の確認申請を行います。

ⅱ）事前確認制度を利用しない方法

投資を受けた後に、基準日(払込期日又は払込日)において企業要件、個人投資家要件をみたす旨の確認申請を行います。

留意点

適用要件を満たすかどうかの判定が複雑になっているので、実務においては中小企業庁の HP にある「エンジェル税制要件判定シート」※を利用することが便利です。

(※ https://www.chusho.meti.go.jp/keiei//chiiki/angel/pdf/angeltax_hantei.pdf)

＜2＞ 投資事業有限責任組合

(1)投資事業有限責任組合とは

投資事業有限責任組合契約に関する法律に基づき組成された組合をいいます。投資事業有限責任組合の財産は、組合員の共有とされるため、組合事業から生ずる利益または損失は、任意組合には帰属せず、出資者である組合員に帰属し課税される、いわゆるパススルー課税となります。

スタートアップ企業など急成長を遂げる企業を中心に投資を行い、投資リターンを上げることを目的としているベンチャーキャピタル呼ばれる投資会社が、余剰資金等がある企業や個人から投資額を集めることが行われています。将来の上場等を期待できるスタートアップ企業への投資はキャピタル・ゲインが大きくなる可能性がありその点も魅力の一つといえます。

しかし、先にみてきたエンジェル税制のように、直接的に未上場企業へ投資するという機会はなかなか得られないことが通常であり、東京証券取引所などに上場している上場会社とは異なり、有価証券報告書など公表された財務データ等もないことから、上級者向けの投資といえます。しかし、スタートアップ企業などに対する投資を専門に行うベンチャーキャピタルへの投資を通じて間接的に投資を行うことで、それらの投資回収に関する情報把握や投資判断を代わりに実行してもらえる点では、スタートアップ企業等の急成長が期待できる企業に対する投資としては優れた選択のひとつといえるでしょう。

そのような投資を行うベンチャーキャピタルは投資単位ごとに出資者への報告義務があり、個別の損益管理が必要となるため、それぞれの投資プロジェクトごとに、投資事業有限責任組合等の形式をとっていることが一般的です。

(2)投資事業有限責任組合を通じた株式投資の留意点

投資事業有限責任組合へ出資を行った投資家の視点から、それぞれ留意すべき点をみていきましょう。

① 法人が投資事業有限責任組合投資を行った場合の税務上の取扱い

イ 法人税

投資先である投資事業有限責任組合等は法人格を有せず、納税主体とならないため、組合契約等に基づいて運営される事業損益は組合員の分配割合に応じて直接組合員である法人に帰属することになります。いわゆるパススルー課税といわれる所以です。

投資事業有限責任組合からもたらされる損益については、具体的に次のように取り扱うこととされています。

原則：投資している法人の事業年度に対応する組合損益を取り込む

例外：以下の要件を満たす場合には、投資事業有限責任組合の計算期間終了日の属する事業年度に組合損益を取り込むことができる

なお、税務処理の詳細については、P169Ⅱ-8＜2＞(1)「① 任意組合出資の場合」を参照して下さい。

【要件】

① 投資事業有限責任組合が毎期1回以上、かつ、一定の時期に損益計算を行っている

② 損益の発生後1年以内において投資している法人が個々の損益を計上している

なお、配当等の分配額を受領した時点では、投資額を増減させるのみで、益金には含めず、実際の組合持分に従った損益が確定した時点で、税務上の損金及び益金を計上することになります。

法人税申告の実務上は、別表九(二)の「組合事業等による組合等損失額の損金不算入又は組合等損失超過合計額の損金算入に関する明細書」に記載をして調整することになります。

ロ 消費税

共同事業として資産の譲渡等を行った時に、各組合員が資産の譲渡等を行っ

たこととなりますが、組合の計算期間が１年以内の場合の場合には、その計算期間の終了する日の属する各組合員の事業年度において、資産の譲渡、課税仕入れを行ったものとして取り扱うことが認められています。また、納税義務の判定については個々の組合員において他の事業と合わせて判断することとなります（法通14-1-1、14-1-1の２、14-1-2　消通1-3-1、9-1-28、措法67の13）。

②個人が投資事業有限責任組合投資を行った場合の税務上の取扱い

個人が、投資事業有限責任組合投資を行った場合でも、法人が投資事業有限責任組合投資を行った場合と同様に、純額方式を原則としながら、継続適用を条件に中間方式及び純額方式により、所得を計算することとなります。

ただし、株式等の譲渡所得が、いわゆる株雑所得、株事業所得及び譲渡所得のいずれに該当するかどうかは、当該株式等の譲渡が営利を目的として継続的に行われているかどうかを基準として判定されることになります。詳細は、任意組合出資のケースのP170Ⅱ-8＜２＞（１）「③　株式等の譲渡所得区分の判定」を参照して下さい。

組合事業等による組合等損失額の損金不算入又は組合等損失超過合計額の損金算入に関する明細書

事業年度又は連結事業年度	・　・ ・　・	法人名	（　　）

別表九(二)　令三・四・一以後終了事業年度又は連結事業年度分

	区分		番号	金額
組合等の区分	組合等の名称		1	
	組合損益計算期間又は組合計算期間		2	・　・ ・　・
	特定組合員若しくは特定受益者に該当することとなった日又は有限責任事業組合員となった日		3	・　・
組合等損失額若しくは連結組合等損失額の損金不算入額又は組合等損失超過合計額若しくは連結組合等損失超過合計額の損金算入額の計算	損金不算入額	当期の組合等損失額又は連結組合等損失額 (31の①)－(18の①)－(25の①) （マイナスの場合は０）	4	円
		調整出資等金額 (38の①＋②)＋(45の①)－(50の①＋②)	5	
		損金不算入額 ((4)－(5))又は(4) （マイナスの場合は０）	6	
	損金算入額	当期の組合等利益額又は連結組合等利益額 (18の①)＋(25の①)－(31の①) （マイナスの場合は０）	7	
		改定組合等損失超過合計額又は改定連結組合等損失超過合計額 (13)	8	
		損金算入額 ((7)と(8)のうち少ない金額)	9	
	組合等損失額若しくは連結組合等損失額の損金不算入額又は組合等損失超過合計額若しくは連結組合等損失超過合計額の損金算入額 (6)－(9)		10	
翌期繰越組合等損失超過合計額又は翌期繰越連結組合等損失超過合計額の計算	前期繰越組合等損失超過合計額又は前期繰越連結組合等損失超過合計額 （前期の(17)）		11	
	みなし組合等損失超過合計額の当期加算額		12	
	改定組合等損失超過合計額又は改定連結組合等損失超過合計額 (11)＋(12)		13	
	当期の組合等損失額又は連結組合等損失額の損金不算入額 (6)		14	
	当期損金算入額 (9)		15	
	みなし組合等損失超過合計額の翌期加算額		16	
	翌期繰越組合等損失超過合計額又は翌期繰越連結組合等損失超過合計額 (13)＋(14)－(15)＋(16)		17	

	区分		番号	総額 ①	①のうち留保した金額 ②
当期の組合等所得の金額又は組合等欠損の金額の計算	組合事業又は信託による当期利益又は当期欠損の額		18	円	円
	加算	減価償却の償却超過額	19		
		交際費等の損金不算入額	20		／
			21		
			22		
			23		
			24		
		小計	25		
	減算	減価償却超過額の当期認容額	26		
		受取配当等の益金不算入額	27		／
			28		
			29		
			30		
		小計	31		
	当期の組合等利益額若しくは連結組合等利益額又は組合等損失額若しくは連結組合等損失額 (18)＋(25)－(31)		32		
	組合等損失額若しくは連結組合等損失額の損金不算入額又は組合等損失超過合計額若しくは連結組合等損失超過合計額の損金算入額 (10)		33		
	当期の組合等所得の金額又は組合等欠損の金額 (32)＋(33)		34		

調整出資等金額の計算の基礎となる金額の明細

	区分	番号	前期繰越額 ①	当期中に出資又は信託をした額 最終損益計算期間終了の時までの額 ②	当期中に出資又は信託をした額 最終損益計算期間終了の時後の額 ③	翌期繰越額 ①＋②＋③ ④
出資又は信託をした額	金銭の額及び現物資産の価額又は調整価額等	35	円	円	円	円
	組合員持分担保債務の額に相当する金額	36				
	負債の額	37				
	差引出資又は信託をした額 (35)－(36)－(37)	38				

	区分	番号	前期繰越額 ①	当期中の増減 減 ②	当期中の増減 増 ③	翌期繰越額 ①－②＋③ ④
組合利益積立金額等		39	円	円	円	円
		40				
		41				
		42				
	組合損失超過合計額等累計額	43		(9)	(6)	
	組合事業又は信託による当期利益又は当期欠損の額の累計額	44		／	(18の②)	
	組合事業又は信託に係る利益積立金額 ((39)から(44)までの計)	45				
	投資勘定差額	46				

	区分	番号	前期繰越額 ①	当期中に分配を受けた額 最終損益計算期間終了の時までの額 ②	当期中に分配を受けた額 最終損益計算期間終了の時後の額 ③	翌期繰越額 ①＋②＋③ ④
分配額	金銭の額及び現物資産の価額又は調整価額	47	円	円	円	円
	組合員持分担保債務の額に相当する金額	48				
	負債の額	49				
	差引分配額 (47)－(48)－(49)	50				
組合事業又は信託に係る簿価純資産価額 (38)＋(45)＋(46)－(50)		51		／	／	

<3> 総　括

(1)完全なる投資家となるための基本的考え方

数世代にわたっての資産家と、今裕福な人とでは財産の状況、今後の課題はそれぞれ異なります。そして、ライフスタイル、視点、考え方にも当然個性があり、運用スタイルにも個別のデザインを要します。運用計画には専門家チームを整え、長期の計画を策定するのが肝要です。

専門家チームは、戦略家、税理士、金融機関、各資産の専門部隊での構成が理想です。

投資家と同チームのリーダー役とはリスク管理の観点から緊密なコミュニケーションを持つべきです。

2021年５月現在、先進国各国の金融政策で政策金利がほぼ全ての国でゼロ金利(実質マイナス金利)にあるのは未知の領域であり、超金融緩和状態です。今後もダイナミックな景気循環を経験することとなるでしょう。

以下、これまでの経験上、有効と考えられる「プリンシプル」(方針)をご紹介します。

(2)長期視点での投資を心懸ける

資産運用において代表的な目的である中長期で元本の成長を目的とする際には株式投資、すなわち成長企業の株主になることを推奨します。そして、投資判断を行い、保有を開始したら、継続保有をすることを併せて推奨します。ただし、継続保有は投資判断上の基礎的条件(ファンダメンタルズ)が維持若しくは改善されているのが前提です。

企業の成長が企業の価値を高めることにより、株主価値すなわち投資元本の成長の目的と一致するためです。また、継続保有をする考え方の背景は、途中売却して市場から退出するリスクが、市場に留まり投資を継続するリスクより高いと考えていることによります。途中売却して株式市場から退出した場合、実現益に対してはキャピタルゲイン課税が発生し、再投資の際は税引き後の元本での再スタートとなります。これは複利効果を減速させる要因となります。また、再投資の際のタイミングの判断は別の新たなリスク要因となります。

売買タイミングは投資戦略の上で柔軟に検討すべき課題です。景気循環、選挙など政治イベント、金融政策の変化等、各種経済イベントは重視すべき材料です。その時々の市場信頼感(センチメント)は投資対象の価格形成に影響を及ぼします。投資家固有のイベントも勘案すべきポイントです。資産ポートフォリオの運用には資産配分の定期的な見直し、総合的な情勢の検討が理想的です。

プリンシプル(1)= Stay invested. 投資を継続する。

(3)基本戦略

基本戦略では概念的な目標運用期間として、10年間での複利運用を考えてみます。

仮に年率7.2%複利にて、10年間の運用ができれば、複利効果によりこの間で+100%(2倍)のパフォーマンスを実現することになります。相続に関して考えれば、6億円以上の財産に発生する相続税率55%に対して、運用成果分を名目上補完しておくことが可能になります(図表1)。

(図表1)

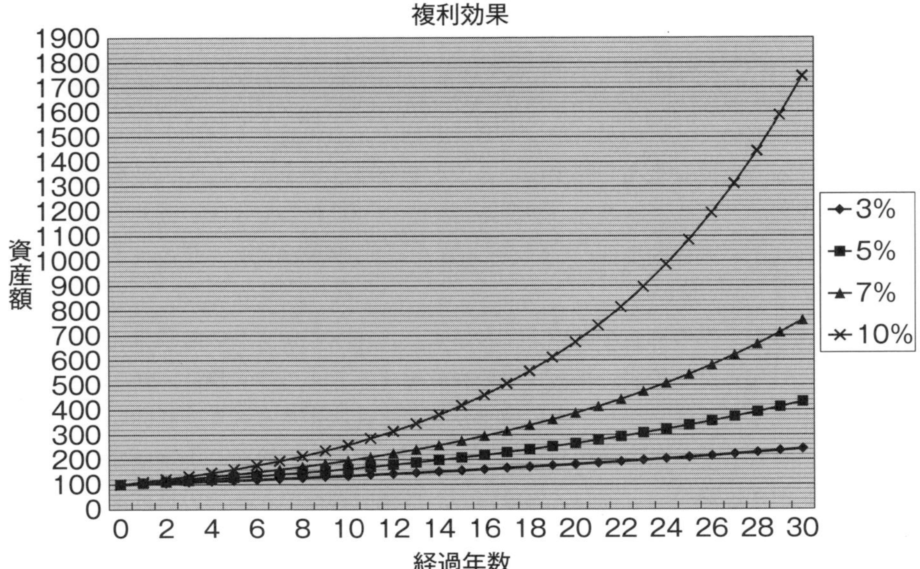

出典:スター・マイカ・アセットマネジメント株式会社作成

NYダウの1871年から2008年(金融危機前)まで137年の年率リターンはおよそ6.85%(20年:中央値)となっています。(図表2)米ドル・円の為替変動への考え方は日米経済の長期的な見通しを鑑みて、別途議論の余地があります。

(図表2)

		投資期間			
		5年	10年	20年	30年
リターン(%)	最高	26.69	16.85	12.63	10.57
	上位4分位	11.84	10.31	8.55	7.68
	中央値	6.97	6.84	6.85	6.23
	下位4分位	2.31	3.54	4.32	4.99
	最低	-10.74	-4.11	1.04	2.58

出典:ダウ・ジョーンズ社、ペンシルベニア大学ウォートン校、ウィズダムツリーAM(1871-2008)

基本戦略では資産クラス別の想定期待リターンを確認しておきます。

・不動産5%(年率賃料利回り)
・投資適格債~ハイイールド債3~7%(年率利金利回り)
・株式10%(年率キャピタルゲイン、配当含む)
・オルタナティブ20%(IRR* で15-25%　*内部収益率)

投資家の購買力で考えますと、将来のインフレ率の上昇ではインフレ勘案後の実質リターンは低下します。

また、期待リターンの水準はその時代の政策金利水準にも影響を受けます。

投資対象によりリスク・リターン見合いに特徴があり、価格変動の幅、流動性(換金性)にもそれぞれの特徴があります。

景気サイクル、経済情勢など、時代に応じた資産配分(アセットアロケーション)をデザインし、中長期のポートフォリオ運用をしていくことが理想的です。

例えば、日本、ユーロ圏は新型コロナ禍前から政策金利がマイナス金利となっています。米国は2019年1月に利下げに転じ、コロナショックでは短期の内に政策金利をゼロ金利に引き下げました。また、大規模な財政面での景気支援策も続いています。コロナとの闘いは続きつつも、2020年第2四半期には大幅減速していた世界経済は回復トレンドに入っています。このような時期には、どのような資産配分が適しているでしょうか。

運用方針の策定では個別のリスク許容度、投資期間に依るところが大きくなります。当方の代表的な事例では投資期間を４年サイクルと捉え、米大統領選のサイクルとともに考えることをお勧めしています。この４年サイクルの中に景気循環や市場動向に影響を及ぼす金融財政政策の変化があります。利上げにより金融情勢が引き締め的になれば、景気は減速に向かい、利下げにより金融情勢が緩和的になれば、景気は加速に向かいます。日本がマイナス金利政策による景気浮揚を追求していることは現在も進行中です。

資産配分の判断が最もポートフォリオの運用成績に影響を与えるといわれています。

BHB スタディ*の調査結果によって示されたのは、マーケットタイミングや銘柄選択よりも、アセットアロケーション（資産配分）が最も大きくポートフォリオのリターンに影響を与える、ということです。

トータルリターンのうち91.5％がアセットアロケーション（資産配分）による変動量との結果です（図表３）。

（図表３）【ポートフォリオ・パフォーマンスの決定要因】

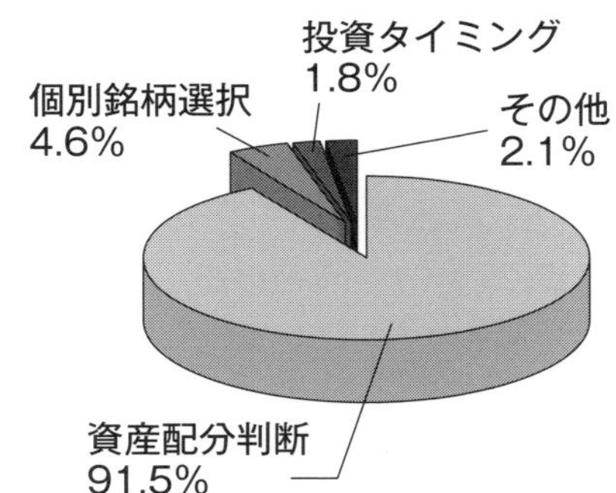

＊1991 年発表 Financial Analyst Journal 誌
Brinson, Hood and Beebower

資産配分の一例として株式に50％、債券に50％の配分があります。以下の投資期間毎のリターンを並べた棒グラフでは投資期間が５年を超えてくるとマイナスリターンが最小化されてきます。当然運用の現場では教科書通りに100％行くことばかりではなく、未知の領域はしばしば発生します。それでも過去の事例を研究し、現在の状況を冷静に分析することにより、知的な行動をとることはできると考えています。

（図表４）【期間中の（日本株25％＋外国株25％＋世界債券50％）の投資期間毎の
リターンを並べた棒グラフ】

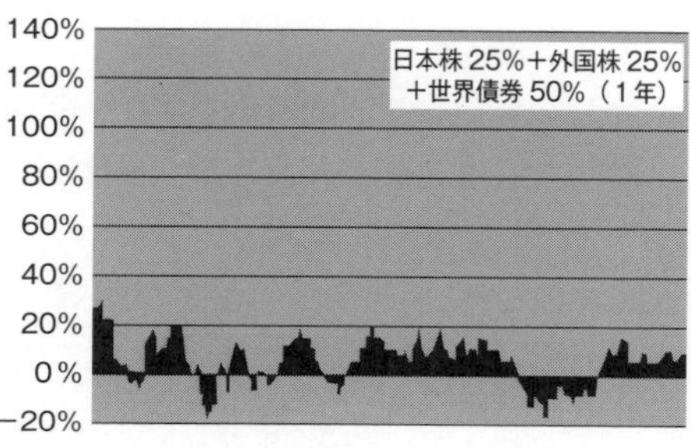

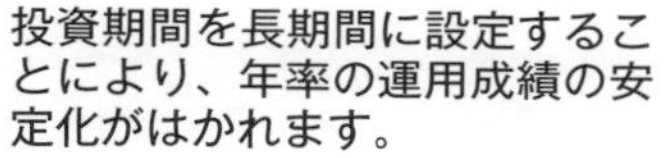

投資期間を長期間に設定することにより、年率の運用成績の安定化がはかれます。

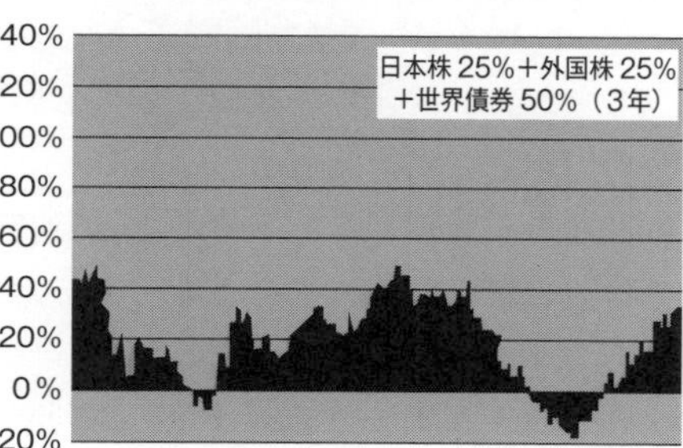

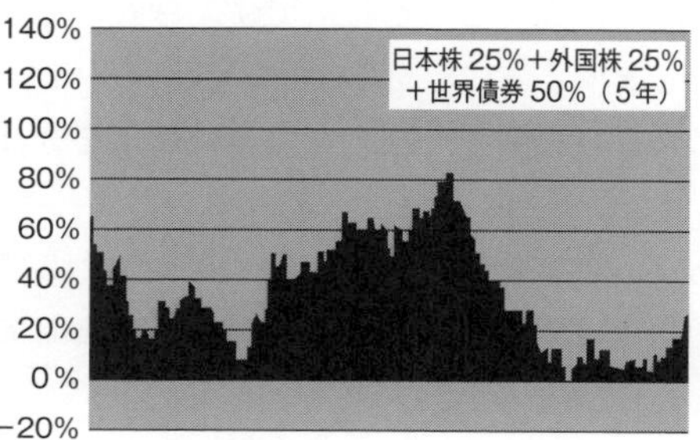

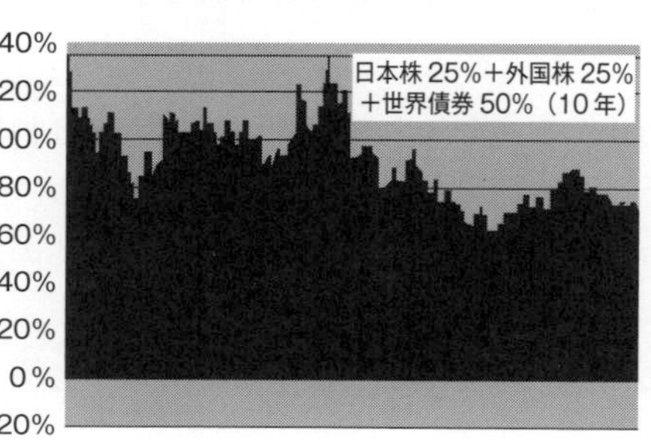

過去20年間の投資期間別ポートフォリオのトータルリターンは期間が５年超になるとマイナスリターンが最小化され、10年超になるとプラスリターンが大勢となります。

古い相場格言に『Stocks climb a wall of worry』（相場は懐疑の壁を登る）があります。先行きが不透明で多くの市場参加者が悲観的になっているときは買いの好機となり得るとの教えです。

投資をスタートするタイミングをピンポイントで当てることは困難ですが、景気循環、市場の流れの中でより良い投資判断を続けていくことが大事となります。

プリンシプル（2）= Set a goal, allocation matters. 目標を決め配分が重要。

（4）不動産・金融資産を保有することの意義

国内首都圏の不動産は資産価値の保全に適しており、財産の相続税評価にも影響します。

不動産においては投資元本の成長は低位に留まり、資産保全と安定的な賃料利回りの確保が主な保有目的となります。不動産投資は収入、維持コストを吟味し、柔軟に資産配分への組み入れを検討したいところです。

金融資産を保有する上では、株式・債券・現預金が選択肢となります。不動産との比較においては、金融資産は流動性（換金性）が高いことが特徴です。株式は元本の成長に適し、債券は利金収入の確保に適します。

株式への投資は企業の株主になることであり、経営陣を通じて資本の運用を委託する事と同義です。

債券投資は企業への貸主になることであり、企業体力に応じた資金提供に応じて金利を受け取る事と同義です。銀行の普通預金は銀行に対して翌日物の貸金をしているのと本質的には同義です。

現在、国内の株式市場は日銀によるETF購入、海外投資家の売買による影響を強く受けています。

国内株の時価総額は世界株式時価総額の10％程度です。米国株の時価総額は世界株式時価総額のおよそ60％を占めています。我々の日常生活でもハイテク端末、ソフトウェア、一般消費財などで米国のグローバル企業のサービス・製品は多くの割合を占めている実感があります。

米国株は資産運用の元本成長を検討するに当たって最重要な市場であると考えています。

当社では英国発祥の現代資本主義の考え方を体現している真の金融市場はNY株式市場であると位置付けています。企業運営、人材、市場参加者の成熟度、取引ボリューム、ガバナンス、MAなどのダイナミックさが世界市場の中でも傑出しています。

貨幣(マネー)は循環させることによって世の中に価値を創造するツールであるといえます。マネーは本来価値の保存と交換の手段として発展してきた歴史があります。現代の金融システムにマネーを入れるということは、市場を通じて自他の将来に投融資することと同義です。すなわち投資は消費とともに将来の経済活動と次世代以降の成長・繁栄につながる経済への栄養分の供給でもあります。

プリンシプル(3)= Money flow creates future value. 資金の循環が将来の価値を創る。

(5)終わりに

私は1999年以来、一貫して資産家向けの資産運用を担当して参りました。この20年間、幾多のダイナミックな景気循環を経験してきました。インターネット・バブル(1999年-2001年)、世界同時テロ /9.11 (2001年)、国内不良債権処理(2003年春)、米サブプライム・バブル～金融危機(2008-2009年)、アベノミクス(2012年-2020年)、コロナ・ショック(2020年-)がハイライトです。

その都度どのように資産配分、資産防衛を行うかを検討し、戦略を立案、実際のポートフォリオを運用し、期中の定期レビューを行ってきました。

ぜひこの機会に運用計画の策定をお勧め致します。

プリンシプル(4)= Think strategically, allocate logically, act carefully and-bravely. 戦略的に考え、合理的に配分し、慎重かつ大胆に実行する

［執筆者紹介］

【東京税理士会世田谷支部 執筆者】

梅田　泰宏　（うめだ　やすひろ）
梅田公認会計士事務所　税理士法人キャッスルロック・パートナーズ
公認会計士・代表社員税理士
日本公認会計士協会東京会世田谷会会長　東京税理士会世田谷支部相談役
1982年公認会計士登録、1983年税理士登録開業。2006年税務部門を税理士法人キャッスルロック・パートナーズとして分離、代表社員に就任。公認会計士業務として学校法人並びに社会福祉法人監査に従事。税理士業務として主として中小企業の税務顧問業務に従事。
(著書)『これだけは知っておきたい「税金」のしくみとルール』（フォレスト出版)、『知らないとヤバい「原価」と「黒字」の法則』（日本実業出版)他
(事務所 HP) ume-office.com

冨田　稔　（とみた　みのる）
東京税理士会世田谷支部相談役　公益社団法人世田谷法人会副会長
明治学院大学法学部卒業。1989年税理士登録、同年冨田稔税理士事務所開設、2003年税理士法人アドヴァンス会計設立・代表社員就任
(著書)『ストック・オプションのすべて—会計・税務・手続—』（共著、税務研究会出版局)

渡邉　一司　（わたなべ　ひとし）
税理士、租税訴訟補佐人、東京税理士会世田谷支部研修部副部長、経営革新等支援機関
1998年税理士登録

松野　淳子　（まつの　じゅんこ）
慶應義塾大学商学部卒業。2001年税理士登録、同年松野淳子税理士事務所開設、2003年税理士法人アドヴァンス会計設立、副代表就任。2017年６月～2021年６月東京税理士会世田谷支部支部長

（著書）『ストック・オプションのすべて―会計・税務・手続―』（共著、税務研究会出版局）、『Q&A　改正相続法と税理士実務のポイント』（共著、新日本法規出版株式会社）

四方田　彰　（よもだ　あきら）
四方田彰税理士事務所　所長　東京税理士会世田谷支部幹事
2002年税理士登録、神奈川大学経済学部・非常勤講師、流通経済大学大学院経済学研究科・非常勤講師。
（著書）『ガイダンス新税法講義〔四訂版〕』（税務経理協会）、『実務のための資本的支出・減価償却・修繕費判例・裁決例50選』（税務経理協会）、『具体例で理解する収益認識基準の法人税実務』（ぎょうせい）、『実務のための貸倒損失判例・裁決例集』（税務経理協会）、『Q&A 税務選択の適正判断－迷いがちな類似税務の落とし穴』（清文社）他（すべて共著）
（事務所 HP）https://yomoda.tokyo/

鏑木　愼治　（かぶらぎ　しんじ）
公認会計士・税理士（鏑木公認会計士事務所・鏑木愼治税理士事務所）
1994年公認会計士登録、2004年税理士登録、2016年ファイナンス MBA 取得。大手監査法人を経て、2000年独立後、ベンチャー企業のサポートを中心に、会計・税務サービスを展開。

細井　聡　（ほそい　さとし）
税理士。1973年東京都世田谷区出身。大学卒業後、都内の会計事務所勤務を経て、現在、細井聡税理士事務所所長。経営・会計コンサルティング事業を目的とする合同会社シェアデイズ（Share Days, LLC）代表社員。日本ファイナンシャルプランナーズ協会会員。東京税理士会世田谷支部幹事。
中小企業経営者、資産オーナーのための税務・会計アドバイスを通じて、クライアントの“事業の成長”と“個人の幸せ”を両立するためのお手伝いをするビジネス・ライフアドバイザー。
（事務所 HP）https://www.hosoi-tax.com/

木島　圭亮（きじま　けいすけ）
税理士。東京税理士会世田谷支部幹事、経営革新等支援機関
2008年明治大学経営学部会計学科卒業、2013年税理士登録・開業、2016年世田谷区に事務所移転。
創業期を含む中小小規模事業者に対し、経営目標を数値化した事業計画書・資金繰り表を用いて、定期的に税務顧問・財務支援を行っている。

風間　啓哉（かざま　けいや）
公認会計士・税理士（風間会計事務所　代表）
2005年公認会計士登録、2010年税理士登録。
東京税理士会世田谷支部幹事、公認会計士協会東京会中小企業支援対応委員。
監査法人にて監査業務を経験後、上場会社オーナー及び富裕層向けのサービスを得意とする会計事務所にて、各種税務会計コンサル業務及びM&Aアドバイザリー業務等に従事。その後、事業会社㈱デジタルハーツ（現　㈱デジタルハーツホールディングス：東証一部）へ参画し、同社取締役CFOを経て、同社非常勤監査役（現任）。
（著書）『PB・FPのための上場会社オーナーの資産管理実務（三訂版）』（共著、税務研究会出版局）、『ケーススタディ　M&A会計・税務戦略』（共著、金融財政事情研究会）。
（事務所HP）http://kazamakj.jp/

高井　寿（たかい　ひさし）
高井国際税務会計事務所　代表税理士　東京税理士会世田谷支部副支部長
2002年税理士登録、経営品質協議会認定アセッサー、CFPファイナンシャルプランナー、経営計画策定、国内及び国際タックスマネジメント、事業・資産承継、組織再編・連結納税、MAが専門。財団法人日本民事信託協会代表理事。
（著書等）『連結納税導入マニュアル』（税務研究会）、「営業権の実務」（税務通信（税務研究会））、「経理システムと税務」「寄付金課税の問題点」（ともに税務弘報（中央経済社））他
（事務所HP）https:takai-tax.jp

【外部参画執筆者】

佐藤　伸吾　（さとう　しんご）
株式会社FAST財産研究所　代表取締役　財産コンサルタント
損害保険会社を経て、2002年㈱船井財産コンサルタンツ（現　青山財産ネットワークス）入社。土地資産家と企業オーナーの財産コンサルティング業務に従事。
2015年株式会社FAST財産研究所を創業、土地資産家と企業オーナーの財産承継対策の支援、金融機関における相続分野のアドバイザリー業務を行う。
2016年より、生命保険会社を対象とした相続分野の動画研修サービス「ゼットラボ」の運営を開始、生命保険会社での研修実績も多数。
（事務所HP）https://fast-lab.co.jp／https://z-lab.jp

小林　裕　（こばやし　ゆたか）
スター・マイカ・アセットマネジメント株式会社　代表取締役社長　チーフ・インベストメントオフィサー
1988年慶應義塾大学法学部法律学科卒。2000年ノースウエスタン大学ケロッグ経営大学院MBA。米ゴールドマン・サックス・グループ、仏ソシエテ・ジェネラル（SG）信託銀行（現：SMBC信託銀行）にて資産運用業務に従事。2007年スター・マイカ・アセットマネジメント株式会社。資産家・事業法人の金融資産／不動産ポートフォリオを運用。市場分析・戦略策定・運用実務にあたる。
（グループHP）https://www.starmica-holdings.co.jp/

〈東京税理士会世田谷支部〉

〒154-0023　東京都世田谷区若林４－31－７
HP：http://www.zei-seta.jp

本書の内容に関するご質問は、FAX・メール等、文書で編集部宛にお願いいたします。なお、個別のご相談は受け付けておりません。

FAX：03-6777-3483
E-mail：books@zeiken.co.jp

資産家・事業家　税務コンサルティングマニュアル

（著者承認検印省略）

令和３年９月１日　初版第１刷印刷
令和３年９月10日　初版第１刷発行

編者　東京税理士会世田谷支部
発行所　税務研究会出版局
週刊「税務通信」「経営財務」発行所
代表者　山根　毅
郵便番号100-0005
東京都千代田区丸の内１-８-２（鉄鋼ビルディング）
当社 HP ⇒ https://www.zeiken.co.jp

印刷・製本　奥村印刷㈱

ISBN978-4-7931-2623-9